로또에 당첨되어도
회사는 잘 다닐 거지?

마흔에 쓰는 방구석 속마음 일기
로또에 당첨되어도 회사는 잘 다닐 거지?

초판1쇄 인쇄 2021년 7월 12일
초판1쇄 발행 2021년 7월 23일

지은이 | 신재호
펴낸이 | 김현성
펴낸곳 | 파르페북스

기획·편집 | 강찬양

주 소 | 인천광역시 서구 도요지로 202번길 10-8, 502호
전 화 | 070-4413-2257
팩 스 | 032-232-3305
이메일 | parfaitbooks@naver.com
인스타그램 | instagram.com/parfaitbooks
네이버 포스트 | post.naver.com/parfaitbooks

출판등록 | 제2019-000011

ISBN 979-11-971718-4-0 (03810)

- 값은 뒤표지에 있습니다.
- 잘못된 책은 구입하신 서점에서 바꿔드립니다.

- 이 책의 전부 또는 일부 내용을 재사용하려면 반드시 사전에 저작권자와 파르페북스의 동의를 받아야 합니다.

- 파르페북스는 여러분의 꿈이 될 원고와 기획을 기다립니다.

마흔에 쓰는 방구석 속마음 일기

로또에 당첨되어도
회사는 잘 다닐 거지?

신재호 지음

파르페북스

프롤로그

 그날도 여느 날과 다름없었다. 야근하고 조금 늦게 퇴근해서 집에 오는 길이었다. 갑자기 속이 '턱' 하고 막히면서 그 자리에 주저앉고 말았다. 무슨 큰일이 있는 것은 아닐까. 걱정과 달리 몸은 크게 아픈 곳이 없었다. 하지만 좀처럼 형용할 수 없는 감정에서 헤어 나오지 못했다. 지금까지 살아온 인생이 허무하고 의미 없이 느껴졌다.
 이제 막 마흔의 문턱에 진입했다. 가정에서는 남편과 아빠로, 직장에서는 신계장으로 열심히 앞만 보고 달려왔다. 마음 한구석에서 그 모든 것을 부정하는 목소리가 더 견딜 수 없었다.

무언가를 하지 않으면 큰일 나겠다는 생각에 친구도 만나고, 여행도 다니고, 술도 많이 마셔보았지만 차오르는 감정을 누를 수 없었다. 그렇게 잔뜩 구겨진 얼굴로 하루하루를 겨우 넘기던 중 우연히 글쓰기 모임에 참여하게 되었다. 회사 보고서만 써보았지, 나에 대한 글은 처음이었다. 솔직히 드러내야만 좋은 글이라는 선생님 말씀에 가감 없이 살아온 인생을 적었다. 그 순간 나를 짓누르던 돌덩이 같은 삶의 무게가 스르륵 사라지는 것이 아닌가. 마치 상담을 받은 듯 위안을 얻었다.

그때부터 계속 글을 쓰기 시작했다. 블로그를 시작했고, 온라인 매일 글쓰기 모임에도 가입했다. 그렇게 매일 일상을 글에 담은 지 벌써 3년이 다 되어간다. 그저 의미 없이 지나갈 하루가 글 속에서 찬란히 빛났다. 점점 그 재미에 푹 빠졌다.

글을 통해 소통하면서 자연스레 다른 사람의 삶을 들여다보게 되었다. 사는 것이 다 비슷하네. 나만 그런 것이 아니었구나. 안도감을 느꼈다. 퍽퍽한 삶이지만, 그 안에서 의미를 찾고 살아가는 것이 중요했다. 그저 소소한 일상을 기록했을 뿐인데, 글을 읽고 공감받았다는 사람들에게 오히려 내가 큰 힘을 얻었다. 비단 또래의 남성뿐 아니라 남편을 이해하게 되었다는 아내들도 있었다. 오랜 시간을 함께 살아왔지만, 오히려 모르는 점이 많은 것이 부부 사이 아닐까. 글 속에서 아내와의 이야기를 풀어냈지만, 여전히 어려운 일투성이다. 치약 짜는 것부터 양말 벗어 놓는 그것까지 모두 싸움이 될 줄 누가 알았을까. 〈화성에서 온 남자, 금성에서 온 여자〉란 유명한 책에서처럼 서로 다른 사람이 만나 하나의 가정을 꾸렸으니 당연하리라. 이렇게 부딪치고, 화해하며 함께 늙어갈 것이다.

열정만 가득했던 20대를 보내고, 결혼해서 두 아이의 아빠가 되었다. 아이들을 키우면서 덩달아 나도 한 뼘 이상 자란 것 같다. 아이가 태어나고, 육아와 가사 문제로 아내와 처절하게도 다퉜다. 둘이 마냥 좋았던 시절에서 아이란 존재는 삶의 많은 부분을 바꿔놓았다. 아내는 육아로 인하여 다니던 직장도 그만두었고, 나는 가장의 무게를 짊어진 채 전쟁 같은 직장에서 버텼다. 자주 가던 영화관도 철마다 떠났던 여행도 남의 이야기였다. 밤새 우는 아이를 달래느라 눈가에는 눈 그늘이 가득했고, 방안에는 냄새나는 똥 기저귀 천지였다. 시간은 흘렀고, 시행착오를 반복한 끝에 조금씩 부모의 모습을 갖췄다. 이제는 정말 못할 것 같다가도 나를 위한 방긋 웃는 아이의 웃음에서 모든 피로를 덜어냈다. 아이와의 추억을 글에 담아내며 그 순간순간이 소중함을 새삼 깨달았다. 그래서인지. 지금도 아이에 대한 글을 쓸 때면 입꼬리 한쪽이 살며시 올라간다.

처음, 출간 제의를 받았을 때 40대를 살아가는 남성의 웃을 수도 울 수도 없는 이야기를 쓰고 싶었다. 비단 나만이 아닌 우리 모두의 이야기였기 때문이다. 마흔이면 세상에 혹하지 않아 불혹이라는데, 나는 여전히 약한 바람에도 마구 흔들리는 갈대와 같다. 가정과 일터 사이에서 매번 아슬아슬한 줄타기 중이다. 어디 마음껏 하소연도 못 하고 가슴앓이만 한다. 그런데도 한 가지 확실한 건 지금 살아가는 소소한 순간은 다시 돌아오지 않는다. 그 작은 일상이 담긴 이 책이 피식 웃음도 주고, 끄덕끄덕 공감과 찔끔 위로를 주는 그런 이야기였으면 좋겠다.

목차

프롤로그 … 5

첫 번째,
77년생 신재호 이야기

변기 앞에서 무너진 자존심 … 17
마흔이 넘으니 내가 알람을 깨운다 … 19
여전히 돈의 노예 … 21
마흔 넘어 '아싸'가 되었다 … 26
혼밥, 혼술, 혼영 … 29
로또 당첨되면 집에서 쫓겨나겠네 … 32
인생은 살이 쪘을 때와 뺐을 때로 나뉜다 … 36
내 머릿속의 불청객 … 39
스쳐가는 바람에도 눈물이 난다 … 42
입을 옷 하나 없는 나이 … 44
마음이 산을 부른다 … 47
식혜에서 찜질방 한잔 … 50
주머니 속 손을 뺀다 … 54

두 번째,
아빠 신팔불출 이야기

마흔넷에 디자이너가 되다 … 59
아빠는 딸바보로 다시 태어났다 … 61
유혹의 기술 … 66
어느 기러기 아빠의 주름 … 70
부모가 된다는 것은 … 74
아들과의 마지막 승부 … 78
이런 아빠 되고 싶어요 … 82
딸과 함께한 마지막 콘서트 … 86
중국 제품 없이 살기 불가능한 것처럼 … 90
존경받는 아빠는 안 되더라도 … 95

세 번째,
남편 삼식이 이야기

남편 양말은 걸레와 같이 빤다 … 101
마흔 삼식이 … 104
아내와 데시벨 맞추기 … 108
맞벌이 부부의 삶 … 113
초등학생 아들의 책을 읽는 아내 … 117
이제는 아내의 친절도 두렵다 … 120

타인과 산다는 것은 … 123
막내 남편, 첫째 아내 … 127
돌아누워도 우리는 부부다 … 131
이케아 한가운데서 만난 낯선 그녀 … 134
급할 땐 빨간 스위치를 켜라 … 139
영화 〈툴리〉를 보고 … 142

네 번째,
아들 신장남 이야기

아버지의 문자에 아들도 섭섭하네 … 147
아버지의 카톡 … 151
결혼한 아들의 삶 … 155
여전히 그리운 엄마의 손맛 … 159
어머니의 비지찌개 … 163
인생의 두 번째 여자 … 167

다섯 번째,
직장인 신계장 이야기

어느 여느 직장인 … 173
기계를 만나면 흠칫 놀라는 나이 … 176
4천 원 커피는 여전히 부담이다 … 179
좌청룡 우백호 … 183
하정우가 왜 걷는지 이제야 알겠네 … 187
이제는 약값이 밥값보다 비싸다 … 192
맛집의 발견 … 196
인사 공고문 … 202
골프 없는 중년 … 205
소문이 무서운 나이 … 209
좁쌀 같은 내 마음 … 211
경청은 갈수록 어렵다 … 214
좌뇌의 일탈 … 217
회사 전화를 착신한 죄 … 220
하소연할 곳 하나 없는 나이 … 222
관계의 단면 … 225
백세시대, 뭐 먹고 살지? … 228

여섯 번째,
작가 실배의 생각

의미 없는 카톡 친구 목록 … 233
행복의 조건 … 236
늦바람 … 239
마흔은 초가을이다 … 243
행복을 물으면 눈물이 답한다 … 249
갱년기를 마주하다 … 253
아, 테스형! 마흔엔 어떻게 살아야 돼? … 258
마흔이 되고 보니 … 261
어른이니깐 그렇지 … 264
훅하고 바람이 불어온다 … 267
오십이 된 나에게 쓰는 편지 … 270

첫 번째,
77년생 신재호 이야기

변기 앞에서 무너진 자존심

바지를 내린다. 동그란 원을 지그시 쳐다본다. 두 다리에 힘을 주고 복부에 힘을 빼려는 순간, 아차차. 그대로 돌처럼 굳었다. 아내의 목소리가 화장실 문을 넘어 전두엽을 때렸다. "여보, 이사도 했으니 이제 소변은 앉아서 보았으면 좋겠어. 남자들이 서서 소변볼 때 정말 많이 튄대. 위생에도 안 좋고. 청소 담당은 나니깐, 알겠지?"

아내의 부탁을 거절하기엔 새로 산 변기가 눈처럼 하얗다. 마지못해 그러겠다고 했다. 서서 싸는 건 44년간 지켜온 자존심이었다. 네 발로 기던 아기 시절을 졸업하고, 두 발로 당당하게 설 무렵부터 숙명과도 같았다. 아주 먼 옛날, 사냥터에서 적을 감시하며 생리현상을 해결하기 위해 진화된 행동 양식은 아니었을까. 별의별 이유를 대며 부정하고 싶지만 더는 사바나의 수컷이 아니었다.

쉬 몸이 움직이지 않았다. 거울에 비친 모습에서 비장함마저 돌았다. 8초, 9초, 10초, 눈을 질끈 감고 뒤돌아 앉았다. 귓가에 가수 진주의 노래 '난 괜찮아'가 흘렀다.

"난 괜찮아. 난 괜찮아♪ 그런 눈으로 바라보지 마♬ 아무리 약해 보이고 아무리 어려 보여도 난 괜찮아♬"

그래, 난 괜찮아. 뭐든지 처음이 어려운 법이잖아. 익숙해지면 아무것도 아니야. 넓적다리에 차가운 기운을 느끼며 천천히 몸에 힘을 뺐다. 묘한 기운이 온몸 가득 퍼졌다. 그래도 일어서지 않았다. 끝까지 임무를 완수하고 은색 버튼을 눌렀다. 그제야 몸 안에 가둬두었던 한숨을 크게 내쉬었다.

"여보, 나 앉아서 소변봤다."

거실 테이블에 앉아 화장을 지우던 아내는 눈에 반달을 띄우곤 곁으로 와 폭 앉았다. 그리곤 입술에 쪽 하고 뽀뽀를 해주었다. 이게 웬 횡재란 말인가. 에헤라디야, 어깨춤이 절로 나왔다.

입가에 따스한 기운이 감돌았다. 앉아서 소변보니 다리에 힘도 안 들고 얼마나 좋아. 그간 미련하게 왜 서서 보았을까. 진즉에 실천하고 사랑 듬뿍 받을걸.

앉아 싸도 괜찮네, 뭐.

마흔이 넘으니
내가 알람을 깨운다

눈을 뜨면 새벽 5시다. 오늘도 숙면은 실패다. 베개에 얼굴을 처박고 아무리 노력해도 소용없다. 내 정신은 이미 잠에서 달아났다. 한참을 뒤척이다 보면 알람이 울린다. 이제야 눈을 떴구나 하며 정지 버튼을 누른다.

나는 잠에 민감하다. 하루 최소 7시간을 자야 활동할 힘을 얻는다. 얼마나 기계같이 정확한지, 밤 10시에 자면 새벽 5시에 눈을 뜨고, 밤 11시에 자면 새벽 6시에 어김없이 깬다.

마흔이 넘어서부터였다. 알람이 필요 없어졌다. 몇 시에 자든지 일어나면 새벽이다. 어느 순간 점심때면 꾸벅꾸벅 졸고 있는 나를 발견한다. 그간 낮잠은 나와 상관없는 영역이었다. 회사 입사 후 가장 신기했던 장면이 점심 이후였다. 다 같이 점심 먹고 사무실에 돌아왔더니 선배들이 의자를 침대로 만들며 나에게 말했다.

"막내야, 불 좀 꺼."

커튼까지 치고 어둠 속에서 하나둘 잠에 빠져들었다.

이건 뭐지? 나는 멀뚱히 눈을 뜨고, 코 고는 소리를 들으며 시간을 보냈다. 이후로는 그 시간에 합류하지 않고, 차라리 회사 주변을 산책했다. 은연중 아재(아저씨)나 낮잠 자는 거지 하고 생각했는지도 모른다.

이젠 나도 낮잠을 종종 잔다. 주말에 아이들과 있다가 깜박 졸 때가 가끔 있다.

"아빠, 뭐해? 잤어?"

지난 주말에도 딸과 그림 그리기 놀이를 하던 중, 내 손이 그려야 할 선을 한참 넘어가며 창작하고 있었다. 딸에게 모진 구박이 쏟아졌다. 시간을 보니 어김없이 점심때가 되었다. 가슴속에 차오르는 구슬픈 심정은 무얼까.

뭐, 딱히 일찍 깬다고 나쁜 점도 없다. 회사 지각할 일도 없고, 잘만 활용하면 책을 읽거나 글을 쓸 수도 있다. 요즘 '미라클 모닝'이 유행이라는데, 이미 나는 하고 있으니 얼마나 트렌디한가. 오늘도 자기 전, 기어코 알람을 아침 7시에 맞춘다. 그래, 알아. 내가 너를 깨우리라는 것을. 그래도 이건 나의 마지막 자존심이야.

여전히 돈의 노예

 점심시간, 자주 가는 카페에 가보았다. 한쪽 구석 조용한 곳으로 자리를 잡았다. 뜨거운 카페라테를 한 모금 마셨는데, 따듯함이 목구멍을 넘어 마음을 녹인다.

 들려오는 잔잔한 재즈 음악도 참 좋다. 문밖으로 걸어가는 사람들이 보인다. 뭐 그리 바쁘다고 종종걸음을 걸을까. 그러다 문득 엉뚱한 생각이 찾아왔다. '내가 돈을 원 없이 써본 적이 있었나?'

 갑자기 과거 속 기억을 찾아 헤맨다. 1년 전? 아니, 없다. 5년 전? 떠오르지 않는다. 10년 전? 글쎄. 앗, 떠올랐다. 2007년 3월 31일. 결혼 직후 발리로 떠났던 신혼여행.

 결혼은 돈에 무릎 꿇는 것부터 시작했다. 그리 좋지 못한 형편에 간신히 조그만 빌라를 신혼집으로 구했다. 그것도 반은 대출로. 이제 막 학자금 대출을 갚았는데, 또다시 대출이었다. 나보다 훨씬 형편이 좋았던 아내는 거대한 세간을 준비해왔다. 20평도 안 되는 조그만 집에 40인치 텔레비전(너무 가까워서 눈이 아팠다), 대형 냉장고(늘 반은 텅 비었다), 킹사이즈 침대(방문이 제대로 안 닫혔다)까지.

결혼 준비 과정도 순탄치 못했다. 모든 게 아내의 성에 차지 않아 보였다. 왠지 내가 점점 작아지는 것처럼 느껴졌다. 아내는 다른 것은 양보해도 신혼여행만은 꼭 원하는 곳으로 가고 싶다고 했다. 그래서 고른 곳이 인도네시아 발리였다. 나에게 발리는 드라마 〈발리에서 생긴 일〉에서 조인성이 주먹을 머금고 우는 장면이 다였다. 그냥 아내가 원하는 대로 따랐다. 아내는 그 당시 새로 지은 고급 풀 빌라를 예약했다. 예산을 훨씬 초과하는 가격에 조금 당황했지만, 내색하지 않았다. 모든 옵션은 당연히 최상급이었다.

정신없이 결혼식을 마치고 서둘러 신혼여행지로 떠났다. 당시만 해도 발리로 가는 직항이 없어서 우리는 홍콩을 거쳐서 갔다. 홍콩에서 1박을 하고, 드디어 발리에 입성했다.

친절한 직원을 따라 숙소로 향했다. 넓은 개인 수영장이 있는 독채였다. 수영장을 보는 순간 입이 딱 벌어졌다. 어림잡아도 길이가 우리 동네 수영장 레인 반 정도는 되어 보였다. 물도 따뜻하고, 24시간 언제든 수영을 즐길 수 있었다. 분리된 두 공간에 각각 방이 2개씩 있었고, 야외에도 샤워 시설이 갖추어져 있었다. 풀 빌라 안에는 현지식, 유럽식을 모두 맛볼 수 있는 식당이 있고, 원하면 방으로 음식을 배달도 해주었다. 삼십 평생 처음 맛보는 호사였다. 마음만은 이미 부자가 되어 있었다. 마음속으로 다짐했다. '그래, 돈 걱정은 그만하고 이 순간만큼은 맘껏 즐기자!'

첫 번째 옵션은 고급 식사였다. 초호화 유람선에서 즐기는 해산물 뷔페, 해변에서 일몰을 보며 전문 서버가 구워주는 스테이크와 와인을 곁들인 저녁 식사. 맛도 경치도 환상적이었다. 나는 어느덧 중동의 왕자가 되어 어깨에 힘이 한껏 들어갔다. 그리고 또 다른 옵션은 해양 스포츠였다. 바다에서 카누, 스노클링, 바나나보트 등을 실컷 즐겼다. 일과는 늦잠 후 아침 식사, 수영, 풀 빌라 내 점심 식사, 해양 스포츠, 럭셔리 저녁 식사, 시내 구경 및 쇼핑, 야간 수영, 음주 후 취침… 천국이 있다면 여기가 아닐까 싶었다.

한국으로 돌아가기 전날 점심때쯤 지배인이 나를 은밀히 불렀다. 그리곤 영어로 이야기를 시작했다.

"Would you like…."

안타깝게도 제대로 알아들은 건 이게 전부였다. 뭔 소리를 하는지 몰랐지만, 본능적으로 무언가를 제안하는 것 같앉다. 간신히 몇 가지 단어가 들렸다. special event, pool, rose, diner, wife, cost. "아내를 위해서 수영장에 장미를 가지고 특별한 저녁 식사 이벤트를 하는 데 돈이 든다."

비용이 얼마였는지 기억은 안 나지만 상당히 비쌌던 것 같다. 나는 단박에 오케이를 했고, 그날 저녁쯤 쇼핑을 마치고 빌라에 돌아오니 정말 특별한 이벤트가 준비되어 있었다. 수영장에는 장미 꽃잎이 그림처럼 수놓아 있었고, 최고급 와인과 고급스러운 저녁이 준비되어 있었다. 그리고 식사하는 중에 밴드가 직접 아름다운 곡을 연주해 주었다. 해 질 녘, 장미꽃으로 붉게 물든 물결을 바라보며 특별한 식사를 마쳤다. 아내는 감동했는지, 뺨이 발그레해졌다. 그 모습이 참 아름다웠다. 이것이 진정 돈의 힘이란 말인가.

신혼여행을 마치고 일상으로 돌아왔다. 천국의 기억은 신기루처럼 금세 사라지고 다시 퍽퍽한 삶이 시작되었다. 돈은 수시로 나의 삶을 옥죄었다. 마치 며칠 휴가를 받은 죄수가 일상을 잠시 맛보고 다시 감옥으로 돌아온 기분이랄까. 삶이 제자리를 자석의 반대 극처럼 귀신같이 찾아갔다.

언제 다시 돈을 펑펑 쓸 수 있는 날이 올까? 슬프게도 오지 않을 것 같다. 아마 나는 돈의 충실한 노예가 되어 하루하루 살아갈 것이다. 그래도 나는 10여 년 전 떠났던 신혼여행에서만큼은 돈의 주인이었다. 살면서 이런 기억 하나쯤 가지고 있으면 된 거지 뭐. 그 기억을 추억 삼아 오늘도 내 삶에 힘겹게 발을 내딛는다.

마흔 넘어
'아싸'가 되었다

웃음소리가 넓게 퍼져 방 안을 가득 채웠다. 다들 뭐가 그리 좋을까. 좁은 공간, 낯선 사람들 사이에 둘러싸여 열심히 구석을 찾아보지만 여의치 않았다. 표정을 어떻게 지을까. 혹여나 어색한 내 모습이 분위기를 깰까 걱정되었다. 억지로 웃음을 짓느라 안면 근육은 파르르 떨렸다. 머릿속에는 이대로 뛰쳐나가고 싶다는 생각이 가득했다.

오랜만에 참석한 동문 모임이었다. 얼굴 아는 동기나 선배보다 처음 보는 후배들이 많았다. 그들 눈에는 빛이 초롱초롱했다. 잠시라도 눈이 마주칠라치면 전투적으로 다가왔다. 간신히 몇 마디를 이어가지만, 이내 대화는 국수 가락처럼 툭 하고 끊어졌다.

몇몇 인연을 떠나보낸 뒤 한쪽 구석에서 내 또래로 보이는 중년의 무리를 발견했다. 나는 사바나의 사자처럼 그 먹잇감을 향해 돌진했다. 도착하니 역시나 친숙한 얼굴들이었다. 동기와 선배 몇 명이 모여 술을 마시고 있었다. 나는 자연스레 그들과 동화되었다. 20년이 넘은 낡은 이야기를 안주 삼아 점점 취했다. 문득 주변을 둘러보니 우리는 망망대해 속 조그만 구명보트에 의존한 조난자들 같았다. 시곗바늘이 10시를 가리키는 순간 거짓 웃음을 내려놓고 얼른 밖으로 빠져나왔다. 휴 하는 한숨이 까만 공기로 흩어졌다.

젊을 땐 사람 만나는 것을 좋아했다. 주말이면 어떻게 해서든 약속을 만들어 밖으로 나갔다. 집에 가만히 혼자 있을 때는 기분이 한 칸 내려앉은 내가 보였다. 익숙한 지인은 편안함으로, 새로운 사람은 설렘으로 다가왔다. 한때는 술자리에서 분위기 메이커 역할도 자처했다. 이 테이블, 저 테이블로 옮겨 다니며 열심히 기름칠했다. 가는 곳마다 불이 활활 타올랐다. 요즘 유행하는 말로 나는 '인싸'였다.

그런 내가 변했다. 그 시점이 언제인지 정확히는 모르겠지만 대략 마흔쯤인 것 같다. 주말에 밖에 나가는 것보다 집에 있는 시간이 늘었다. 결혼, 육아 때문이라기보다는 시간이 있어도 집에 있는 것이 더 편했다. 만나는 사람도 늘 보는 지인이 아니고는 꺼렸다. 심지어 예전엔 친했지만 교류가 뜸해진 사이라면 그와의 만남이 고민되었다. 왜 이럴까. 점점 '아싸'가 되어가는 내 모습이 못내 아쉽기도 하다.

하지만 어쩌면 지금의 '나'가 진정한 '나'가 아니었을까. 나는 원래 이런 사람인데, 그간 맞지도 않은 옷을 입으며 낑낑댔다. 수줍고 부끄러운 모습이 싫어 꽁꽁 감추며 밝은 척, 사교적인 척하며 살았다. 그 짐을 벗어던지고 나니 이제 좀 살 것 같다. 지인과 더욱 돈독한 관계를 맺고 남은 시간 내가 좋아하는 책을 읽으며 글 쓰는 시간이 행복하다. 굳이 애쓰지 않고 물 흐르듯 흘러가는 삶을 이제야 만났다. 이 길이 내 길이다 생각하며 천천히 걸어갈 생각이다.

'아싸'면 좀 어때. 세상 이리 편한걸. 이 좋은 걸 왜 진작 몰랐을까.

혼밥, 혼술, 혼영

혼자 밥 먹기, 혼자 술 마시기, 혼자 영화 보기.
 나는 이런 거 잘 못할 줄 알았다. 그런데 요즘은 잘한다. 심지어 취미가 될 정도다. 처음에는 부끄러웠다. 사람들의 시선이 신경 쓰였다. 선뜻 용기가 나질 않았다. 그래서 함께 밥 먹을 사람이 없으면 혼자 먹느니 차라리 굶었다.
 3년 전쯤 지금의 근무지로 발령 왔다. 이곳에 와보니 혼밥이 자연스럽다. 음식점마다 혼자 먹을 수 있는 1인용 테이블이 놓여 있다. 심지어 혼자 고기를 구워 먹을 수 있는 곳도 있다. 칸막이로 되어 있어서 주변 사람을 의식하지 않고 편하게 먹을 수 있다. 그래서 용기를 냈다. 처음만 어려웠지 다음은 수월했다.

혼밥은 장점이 많다. 우선 내가 좋아하는 메뉴를 고를 수 있다. (다른 사람과 먹게 될 땐 맞추느라 싫어하는 메뉴를 고를 때도 있다.) 식사 시간도 내 마음대로 조정할 수 있다. (가끔 밥을 전투하듯 먹는 사람과 함께해야 할 땐 나도 따라서 전투적이 되곤 한다. 밥을 먹은 건지, 마신 것인지 헷갈린다. 속도 불편하고.) 핸드폰으로 음악을 듣거나 책을 읽으며 천천히 식사한다. 한 끼 때우는 것이 아닌 즐거움을 맛본다.

혼밥에 눈을 뜨니 영역 확장을 하고 싶어졌다. 그래서 다음은 혼술이었다. 편의점에서는 '세계 맥주가 만 원에 4캔'이다. 가끔 저녁에 혼자서 맥주를 마신다. 혼술도 장점이 많다. 먹기 싫으면 억지로 마실 필요가 없고, 양도 내가 조절할 수 있다. 천천히 맛을 음미하니 말 그대로 술맛 난다. 맛에 취하고 기분에 취하니 술술 잘 들어간다. 아직 밖에서 혼자 마시는 술은 안 해보았는데, 조만간 도전해 보고 싶다.

그리고 마지막은 혼영이다. 혼자 영화 보기는 정말 못할 줄 알았다. 창피했다. 그래서 처음에는 사람들이 별로 없는 조조 영화로 시작했다. 그런데 웬걸. 혼자 보니 영화가 훨씬 몰입되었다. 옆 사람을 신경 쓸 것도 없고 오롯이 영화에만 집중할 수 있었다. 최근에는 핫한 토요일 저녁 6시 타임으로 〈성난 황소〉를 보고 왔다. 그 많은 사람 중에 나만 혼자였다. 그래도 꿋꿋하게 팝콘도 먹으며 깔깔댔다. 어찌나 재밌던지, 앞으로 틈만 생기면 혼영을 즐길 예정이다.

혼자 하는 것이 생기다 보니 전보다 할 수 있는 것이 많아져 좋다. 선택지가 넓어졌다. 전에는 어쩌다 혼자 있게 되면 그냥 집에 있든지, 누구를 만나곤 했는데 이제는 혼밥, 혼술, 혼영 세 친구가 있다.

오늘은 숙직이다. 머릿속에 무엇을 혼자 먹을지 고민 중이다. 좋아하는 메뉴가 떠오른다. 카레, 가쓰동, 돈코츠라멘, 뼈해장국. 갑자기 배고프다. 최근에 보기 시작한 드라마 〈로맨스는 별책부록〉을 보면서 혼밥의 세계로 빠져보련다.

이렇게 좋은 것을 왜 진작 못했을까. 마흔 넘어 만난 든든한 친구들 덕분에 삶이 어느 때보다 풍성한 요즘이다.

로또 당첨되면
집에서 쫓겨나겠네

    가을은 사무실에 가둬두기 아쉬운 계절이다. 점심을 거르고, 동료와 길을 나섰다. 건널목을 지나 공원에 진입하면 기다란 숲길이 이어진다. 걸을 때마다 발밑에서 나는 부스럭거리는 소리가 좋다. 조금 전만 해도 전쟁터 같은 사무실에서 분초를 다투던 시간이 꿈처럼 느껴졌다. 가을빛이 스민 벤치에 앉아 여유롭게 이야기를 나누는 사람들이 보였다. 부러움에 시선을 거두지 못하며 "무슨 복을 타고났기에 저런 호사를 누릴까"라며 중얼거렸다. 그 말을 들었는지 동료는 물었다.
    "신계장님은 로또 1등 당첨되면 어떡하실 거예요?"
    이 사람, 훅하고 들어오네. 노란 단풍이 바람에 날려 눈처럼 흩날리는 모습을 바라보며 떠올려보았다. 나만 생각한다면 당장 회사를 그만두고 어느 한적한 곳에 가서 독립서점을 하고 싶다. 소설《날씨가 좋으면 찾아가겠어요》에서 은섭이 운영하는 '굿나잇 책방' 같은 곳이면 좋겠다. 낮에는 한적하니 커피 마시며 손님을 기다리고, 밤에는 동네 사람들과 독서모임을 운영하면서 천천히 흐르는 삶을 살아가는 것이다. 생각만으로도 좋았다. 나의 계획을 들은 동료는 혀를 차며 아내에게는 절대 이야기하지 말라고 신신당부를 했다.

퇴근하고 집에 돌아와 보니 아내는 잔뜩 피곤한 얼굴로 화장을 지우고 있었다. 아이들은 거실 테이블에 앉아 미처 끝내지 못한 숙제와 씨름을 벌였다. 반복되는 익숙한 풍경이다. 아이들과 잠시 노닥거리다 아내의 불호령을 듣고 얼른 씻으러 화장실로 대피했다. 문밖에선 우르릉 쾅쾅 천둥 번개가 쳤다. 일부러 뜸을 들이고 천천히 밖으로 나왔다. 아이들은 이미 각자 방으로 사라지고 없었다. 핸드폰을 보고 있는 아내 옆에 누웠다.

"여보, 로또 1등 당첨되면 뭐하고 싶어?"

아내는 이 사람이 왜 이러나 하는 표정으로 바라보더니 골똘히 생각에 잠겼다.

"음, 일단 빚 갚아야지. 다달이 나가는 대출금이 얼만데. 근처 아이파크 42평으로 이사 가고 싶어."

딱 거기까지만 하고 끝냈어야 했다. 아내의 즉각적인 반응에 재미가 들린 나는 넘지 말아야 할 선을 넘어버렸다.

"나는 말이지, 당장 회사 그만두고 한적한 곳에서 독립서점을 내고 싶어. 거기서 독서모임도 하고. 너무 좋겠지?"

뭐지, 이 한기는. 분명 이불을 덮고 있는데 주변으로 차가운 냉기가 흘렀다. '아차' 하는 생각이 본능적으로 들었다.

"당신, 제정신이야? 로또 1등 당첨금, 그게 얼마 된다고 회사를 그만둬? 독립서점 같은 소리 하고 있네."

동료의 조언을 마음 깊이 새겼어야 했다. 이내 우리는 침대 양 끝선에 맞추어 잠을 청했다. 잠이 쉽게 오지 않았다.

현실은 팍팍하다. 운 좋게 본사에 발령받았다. 남들이 보기엔 승진 기회를 잡았다고 생각하겠지만, 그만큼의 대가를 치르고 있다. 적성에도 안 맞는 예산 업무를 맡아 매일 숫자와 싸움하고 있다. 퇴근해서 집에 오면 밤 10시가 넘는다.

아내는 일도 하고 아이들도 돌보느라 늘 지쳐 있다. 이런 현실 앞에서 로또 1등이 되었다고 내 꿈을 펼친다는 건 사치겠지. 마흔이 넘고부터는 다가오는 가장의 무게가 상상 이상이다. 내가 서점을 하고 싶은 건 그 무게를 잠시나마 벗고 싶어서일 것이다.

아내는 이런 내 마음을 아는지 모르는지 쌔근쌔근 잠들었다. 그 모습을 지켜보고 있으니 마음 한구석이 짠했다.

'그래, 여보. 나 로또 1등 당첨되어도 회사 잘 다니고,

재테크도 잘해볼게. 그냥, 내 현실이 답답하고 힘들어서 투정 부렸다고 생각해줘. 오죽하면 내가 그런 말을 했겠어. 당신도 조금이나마 이해해주면 좋겠어.'

그놈의 로또가 뭐라고. 되지도 않은 신기루 같은 존재에 종일 기분이 들썩거렸다. 애초에 생각조차 하지 말았어야 했다. 나도 안다. 쥐꼬리만 한 월급으로 나날이 커가는 아이들 뒷바라지하기가 벅차다는 것 말이다. 실현 불가능한 일이지만, 상상이라도 하고 싶다.

'그래도 말이야 여보, 당첨금이 생각보다 훨씬 많다면 자기 다 줄 테니까 내 꿈은 지켜주길 바라. 어찌 보면 다가올 인생의 마지막 황금기에 소박한 꿈이라도 펼쳐보고 싶네. 물론 불가능하겠지만, 상상만이라도 어떻게 안 될까?'

시간이 흐를수록 운신의 폭이 점점 더 줄어든다. 사십대 가장이 갖는 부담은 상상 그 이상이다. 그저 돈 버는 기계로서 인생의 마무리를 지어야 하는 걸까.

잠시나마 가장의 무게를 벗어던지고 하고 싶은 일을 떠올려보았다. 이루어질 수 없는 꿈일지라도 상상만으로도 기분 좋았다. 누구나 마음 한구석에 위안을 품고 살지 않는가. 지금 내가 떠올리는 것은 그쯤 어디이지 않을까.

꿈은 꾸기에 꿈으로서 존재 의미가 있는 것이다. 그렇다면 로또 1등에 당첨되는 것도 꿈 목록에 넣어야 하나?

인생은 살이 쪘을 때와
뺐을 때로 나뉜다

한 손에 망고 오렌지 주스를 들고 길을 걷고 있었다. 20년은 족히 더 되어 보이는 허름한 건물 현관 유리 위에 적힌 표어 하나가 내 눈을 사로잡았다.

"인생은 살이 쪘을 때와 뺐을 때로 나뉜다."

문구가 강렬했다. 그대로 고개를 들어보니 헬스장이었다. 관장이 적었는지, 직원이 적었는지는 모르겠지만, 일단 나 같은 중년 아재의 관심을 끌었으니 반은 성공했다. 설탕 덩어리 주스를 잡은 오른손이 마구 흔들렸다. 그 진동의 여파로 뱃살도 춤을 추었다.

코로나19로 인해 살이 급속도로 늘었다. 원래도 살이 잘 찌는 체질인데, 점심때 꾸준히 했던 탁구도 장소 자체가

폐쇄되었다. 일 특성상 온종일 의자에 앉아 있다 보니 살이 기하급수적으로 늘었다. 그나마 다행인 건 목욕탕에 가지 못하니 체중을 확인할 수 없다는 점이다.

살을 빼야지 하면서도 퇴근하고 집에 오면 냉장고 안에 넣어 둔 맥주의 유혹을 뿌리치기 어렵다. 시원하게 목구멍을 타고 넘어가는 그 달콤하고 씁쓰름한 맛을 어찌 거부하리오. 거기다 케첩을 가득 품은 소시지 야채볶음과 함께라면 지금 눈을 감아도 여한이 없지 않을까. 이미 부을 대로 부은 배를 부여잡고 꿀잠 속으로 빠져든다.

주말에 저녁을 먹는데, 아내가 내 얼굴을 보더니 한마디 했다.

"오빠. 얼굴에 달이 떴네."

그 말은 내 폐부를 찔렀다. 밥을 다 먹고 화장실 거울에 비친 모습을 보았다. 오, 마이 갓. 큰일이다. 곧바로 운동복으로 갈아입고 안양천으로 향했다.

가을바람이 솔솔 불어오니 뛰기 좋은 날이었다. 이미 많은 인파가 마스크를 쓴 채 운동하고 있었다. 스마트 워치를 '러닝' 상태로 설정하고 운동장을 뛰었다. 한 바퀴는 그런대로 괜찮았다. 두 바퀴부터 그간 찐 내 살들이 반격을 시작했다. 사라질까 두려운 마음에 숨이 막히도록 폐에 공기를 주입하였고, 다리에는 모래주머니를 가득 달았다. 아, 안 되는데.

발은 열심히 내딛는데 앞으로 나가질 않았다. 다리는 후들거리며 수시로 방향을 이탈했다. 땀이 비 오듯 떨어졌다. 정신을 잃지 않으려 입술을 깨물었다. 그래, 할 수 있어. 소가 되새김질하듯 마음속으로 되뇌었다. 결국 뛰기 반, 기기 반으로 목표했던 바퀴를 채웠다. 집으로 돌아오는 길, 눈과 발이 모두 풀렸다.

이 지긋지긋한 살이 찜과 빠짐의 반복은 언제쯤 끝날까. 이십대 때부터 시작되었으니 근 20년이 넘었다. 그냥 평소에 덜먹고 꾸준히 운동하면 되는데, 이 단순한 논리가 나에게는 왜 이리 어려운지.

내 삶에 비추어 헬스장 표어에 심각한 오류가 있음을 발견했다.

"인생은 살찔 때와 빠질 때 그 중간도 있다."

내 머릿속의 불청객

어제 머리를 말리던 도중 무심코 거울 앞에서 오른쪽 머리를 쓸어 올렸다. 그러다 하얀 무리를 보고 기겁했다. 흰머리가 한 움큼 자리 잡고 있었다. 아, 이상하다. 며칠 전만 해도 한두 가닥 보일락 말락 했는데 이놈들이 나도 모르게 내 집에 떡하니 무단 침입하였다. 너무 놀란 나머지 아내에게 달려갔다.

"여보, 여기 봐봐. 흰머리 보이지?"

"아이고, 뭐 그리 호들갑이야. 잘 보이지도 않는구먼."

"아냐, 자세히 봐봐. 엄청 났어."

"겨우 고거 가지고 그래? 나는 벌써 한가득이야."

하긴 뭐, 이제 사십대 중반을 향해 가고 있는데 놀랄 일도 아니었다. 어찌 보면 늦은 걸 수도 있다. 유전인지 아버지도 어머니도 흰머리가 늦게 나셨다. 그래도 두려움이 몰려왔다. 이제 나이 듦으로 한없이 달려갈 것만 같았다. 요즘 부쩍 잠도 일찍 깨고 안 자던 낮잠도 잔다. 오른쪽 무릎은 조금만 운동해도 시큰거렸고 전보다 덜 먹는데도 뱃살은 자꾸 앞으로 나가고 있다. 안경도 썼지만 가까운 글씨가 점점 밀어진다. 그냥 받아들여야 하는 건가. 싫은데 아직은.

요즘 뒤늦게 〈눈이 부시게〉라는 드라마를 재방송으로 보고 있다. 아버지를 구하기 위해 시간을 되돌리는 시계를 사용한 이십대 딸이 폭삭 늙어 칠십대 할머니가 된 이야기이다. 이제 앞부분을 보고 있는데, 갑자기 노인이 된 상황을 받아들이지 못하고 괴로워하는 모습이 그려진다. 하지만 조금씩 자기 상황을 이해한다. 그 나름의 삶을 사는 모습을 보고 있으면 역시 인간은 적응의 동물이라는 것을 새삼 느낀다.

드라마를 보면서 나는 내가 만약 이십대로 돌아갈 수 있다면 어떻게 할까를 생각해보았다. 순간 아까 흰머리를 보고 마주친 공포와는 또 다른 공포가 느껴졌다. 치열하게 취업 준비를 해야 한다. 몇 번의 연애 실패도 겪어야 하고, 불안한 미래에 대해서 막막할 것이다. 물론 군대도 다시 다녀와야 한다. 생각만 해도 끔찍했다. 물론 신체적 젊음은 주어지겠지만 다시 겪어야 하는 시행착오들을 생각하면 그런 질문이 다가올 때 고개를 절레절레 흔들 것이다.

그렇게 생각하니 지금 늙어감이 썩 나쁘지만은 않은 것 같다. 까짓것 머리야 염색하면 되고, 무릎이야 운동 덜하면 되지. 뱃살이야 인격 아니겠어. 노안은 다초점 안경이 있으니. 물론 지금 삶도 모두 만족스럽지는 않다. 여전히 안갯속을 헤매고 있기는 매한가지지만, 그래도 그때보다는 안정적인 삶인 것은 분명하다.

이십대 때는 빨리 삼십대가 되고 싶었고, 삼십대에는 사십대가 오지 않길 바랐다. 지금 사십대가 되니 이십대가 되고 싶지는 않네. 무슨 변덕도 아니고, 일관성이 없긴 하다. 결국 지금 나이가 나름 괜찮다는 결론을 나 스스로 내렸다.

불청객인 흰머리가 나 없을 때 친구들을 데리고 우리 집에 허락 없이 오는 것은 심히 불쾌하지만 앞으론 내색 안 하고 맞아주어야겠다.

스쳐가는 바람에도
눈물이 난다

 눈물이 주르륵 흐른다. 별것도 아닌데 왜 이러지. 드라마 속 주인공에 빙의되어 훌쩍거린다. 그럴만한 장면인가. 모르겠다. 주책맞게 흐르는 눈물을 연신 닦으며 어둑한 방에서 어깨를 들썩였다.

 눈물은 나와 상관없는 존재라 여겼다. 어릴 때 아버지는 눈물은 '쪼다'나 흘리는 것이라 말했다. '남자란 모름지기'로 시작하는 레퍼토리는 나를 옥죄었다. 하긴 아버지는 내 앞에서 눈물을 보인 적이 없었다. 내 눈에서 흐르는 물방울이 점점 두려웠다. 조금이라도 눈물이 날라치면 열심히 다른 생각으로 막았다.

 어릴적 나는 눈물이 많았다. 계절이 지나는 소리를 들을 만큼 민감했다. 어떤 감정 하나가 턱 하고 걸리면 한없이 머물렀다. 펑펑 울고 싶을 때도 있었다. 눈물을 삼키니 감정도 메말랐다. 그렇게 어른이 되었다. 결혼을 했다. 회사에 들어갔다. 나는 더 강해져야 된다 생각했다. 울지 않는 아버지를 닮아갔다. 나중엔 어떻게 울어야 할지 몰라 난감했다.

마흔이 넘어 처음 글을 쓰기 시작했다. 글쓰기 수업에서 아들에게 편지를 썼다. 그 글을 낭독하는 순간 막혔던 덩어리가 풀리며 눈물이 한없이 쏟아졌다. 그저 아들에 대한 마음을 적었을 뿐인데, 부끄럽게 이게 뭐람. 울먹이며 끝까지 글을 읽을 수 없었다. 글은 솔직함을 강요했다. 저 깊은 곳에 숨어 있던 나를 붙잡아 수면 위로 끄집어냈다.

글에 나를 담아낼수록 굳었던 마음에 단비가 내렸다. 마음을 울리는 글을 만나면 펑펑, 영화 속 감동적인 장면에도 펑펑, 며칠 전에는 친한 선배의 승진 소식에 기뻐서 전화했다가 눈물이 났다. 가끔은 길 가다 만난 예쁜 풍경에도 눈물이 찔끔 난다. 맙소사. 이러다 버튼을 누르면 나오는 눈물 자판기가 되겠는걸.

이제 내 마음은 말랑거린다. 더는 감정을 숨기지 않아도 되어서 좋다. 기쁘면 웃고, 슬프면 운다. 감정에 솔직한 '나'를 찾았다.

남들이 '쪼다'라 부르면 좀 어때. 세상 마음 편한걸.

입을 옷 하나 없는 나이

뉴스에 날이 꽤 춥다고 했다. 어떤 옷을 입을지 애매한 계절이었다. 셔츠에 트렌치코트는 추울 것 같고, 그렇다고 겨울 점퍼는 오버인 것 같았다. 결국 셔츠 위에 니트를 입고 코트를 걸쳤다. 지하철에는 가을과 겨울이 함께 어우러졌다. 주로 학생들이나 젊은 사람은 가을이었고, 중년을 넘어선 사람은 겨울이 많았다. 십대의 객기로 겨울에도 반소매를 입고 다녔던 시절이 떠올랐다. 미쳤던 거지.

옷은 분명 나이를 먹는 것 같다. 요즘 손이 가는 옷마다 아재 필이 솔솔 풍긴다. 옷을 고를 때도 이런 건 젊은 사람이나 입는 것 아닌가 하는 생각이 먼저 든다. 옷의 은신 폭이 확 좁아졌다.

지난 주말에는 침구류를 사러 아울렛에 갔는데 아내가 겨울 대비 옷을 사주겠다며 고르라고 했다. 이게 웬 떡이냐 싶어 '나를 사세요!'를 외치는 옷들 사이를 헤집고 다녔다. 어머나, 왜 이러지? 평소 같으면 이 옷, 저 옷을 입으며 정신없을 텐데 옷이 눈에 들어오지 않았다. 몇 번 입어보다 시큰둥. 둘째와 함께 아동복 판매대를 다녀온 아내가 돌아왔다.

"자기야. 골랐어?"

"아니. 이상하게 입고 싶은 옷이 하나도 없네."

아내는 놀라며 입가에 미소를 드러냈다. 결국 빈손으로 돌아왔다. 젠장, 이 좋은 기회를 날렸다. 옷에 관한 생각도 늙어가는 걸까? 무구매애자가 된 걸까? 아내의 점검 없이 인터넷으로 옷을 사들였다가 혼났던 때가 불과 얼마 전이었다. 옷을 사지 못한 아쉬움이 크지 않다는 것이 더 문제였다. '그냥 대충 입고 살지 뭐'란 생각이 계속 떠올라 망치로 때려잡았다. 그래서 점검해보았다.

1. 좋은 차를 사고 싶은가? 예스.
2. 좋은 집에 살고 싶은가? 예스.
3. 좋은 책을 읽고 싶은가? 예스.
4. 좋은 글을 쓰고 싶은가? 예스, 예스.
5. 좋은 옷을 사고 싶은가? 예… 글쎄.

이상하다. 유독 옷에만 이런 마음이 들다니. 아니야, 조금 더 지켜보아야 해. 일시적인 현상일 수도 있잖아. 요즘 일도 바쁘고 이사도 해야 해서 여유가 없었던 거야. 그렇게 애써 마음을 다잡았다.

불현듯 스쳐간 생각. 이제 나도 잡히는 대로 대충 입고 나가는 중년의 나이가 된 걸까? 불안한 마음에 괜스레 옷장 안의 옷만 뒤적거렸다.

마음이 산을 부른다

 사람들은 산에 왜 갈까? 나에게 묻는다면 '진솔한 이야기' 때문이라고 답할 것이다. 물론 멋진 풍경도 좋고 내려와서 먹는 파전에 막걸리도 예술이지만, 나는 이야기가 제일 좋다. 산에 오르면 나눌 이야기가 풍성하다. 사느라 바빠서 한참 묵혀두었던 마음속 이야기를 그곳에서 펼친다.

 어릴 때 아버지는 지방에 계셔서 1년에 한 달도 채 못 보았다. 어쩌다 집에 오시는 날이면 다음날 새벽부터 재촉해서 나를 산에 데려갔다. 나는 물통을 양손에 쥔 채 잔뜩 짜증 난 모습으로 아버지를 따라갔다. '뭐가 좋기에 이 꼭두새벽부터 산에 가는 걸까? 날은 더럽게 춥네. 아, 대체 언제 정상이야? 다리도 아파 죽겠는데.' 이렇게 툴툴대며 산에 올랐다.

산에 내려와서는 언제나 근처 해장국집에서 소고기 해장국을 먹었다. 산은 싫었지만 해장국은 정말 맛있었다. 뜨끈한 국물을 한 입 뜨면 짜증은 어느새 눈 녹듯 사라졌다.

이런 내가 산을 본격적으로 좋아하기 시작한 것은 서른 살이 훌쩍 넘어서부터다. 친구들을 만나면 늘 어두컴컴한 술집에서 진탕 퍼마시며 유치한 농담만 뱉어냈었다. 늘 똑같았다. 지겨웠다. 그래서 내가 제안했다. 산에 가자고. 우리는 등산복도 없이 청바지에 운동화를 신고 산에 다녔다. 처음에는 다리도 아프고 숨을 먹고 죽을 것 같았는데, 시간이 지날수록 한결 수월해졌다. 어느새 산근육도 붙었다. 친구 중 한 명은 늘 낙오했는데 체력을 기른다고 수영하러 다니더니 지금은 우리 중에 제일 산을 잘 탄다. 나도 운동을 해야 하나. 이제는 알록달록한 등산복에 튼튼한 등산화까지 모두 갖추었다. 어떤 산도 두렵지 않다.

산을 다니면서 우리는 서로를 더 많이 알게 되었다. 산에서는 모든 시간이 천천히 흐르는 것 같다. 산을 타는 동안 남는 것이 시간이다. 도시에는 볼 수 없는 아름다운 자연을 벗 삼아 힘들면 힘든 이야기, 잠깐 쉬며 바라보는 경치 이야기, 가져온 간식을 먹으며 음식 이야기, 퍽퍽한 삶을 위로하는 이야기 등 우리는 끊임없는 수다쟁이가 된다. 해도 해도 이야기는 끝이 없다. 산에서 내려와 목욕탕에 들러 뜨끈한 물에 피로를 싹 다 풀고 선술집에 가서 막걸리에 파전을 먹는다. 그러면 세상 무엇보다 행복하다. 이 맛에 매번 발길이 산으로 향한다.

이제 입춘도 지나고 곧 봄이 온다. 봄은 산의 계절이다. 가까운 관악산도 가고 싶고, 저 멀리 지리산도 가고 싶다. 마음이 산을 부른다. 그럴 땐 가야 한다. 묵혀둔 이야기도 한가득하다. 떠나자, 산으로. 발길 닿는 곳 어디라도….

식혜에서 찜질방 한잔

"아, 찜질방 가고 싶다."

점심을 먹은 후 아내는 기지개를 펴면서 중얼거렸다. 그 소리에 아이들까지 가세해서 찜질방 성토대회가 열렸다. 아내는 불가마에서 땀 빼기, 첫째는 깔개 위에 누워 마음껏 게임하기, 둘째는 살얼음 동동 띄운 식혜 먹기를 각각 희망했다.

나는 찜질방보다도 펄펄 끓는 탕에서 삼계탕처럼 푹 고아졌으면 좋겠다. 어제, 저녁 먹다가 필받아서 맥주를 4캔이나 마셨더니 골이 지끈거렸다. 이럴 때 가면 숙취도 모두 풀릴 텐데. 코로나가 터지고 나서 목욕탕에 가지 못한 지 벌써 6개월이 다 되었다. 몇 번 갈까 말까를 고민했지만, 겁이 났다. 혹여나 하는 마음이 발을 묶었다.

목욕탕을 떠올리니 어릴 때가 생각났다. 초등학교 1학년 때 집 근처에 목욕탕이 생겼다. 가운데에 파란색 타일로 된 네모난 모양의 온탕이 있었다. 옆에는 둘러앉아 때를 밀면서 가운데 조그만 탕 속에서 물을 받아 바로 몸을 씻을 수 있게 만들어져 있었다. 지방에 계셨던 아버지는 집에 오시면 꼭 나를 목욕탕에 데려갔다. 사실 좋기도 하면서 두려웠다. 유도선수 출신이었던 아버지는 힘이 장사셨다. 때수건을 뜯은 후 그 안에 수건을 넣곤 얼마나 박박 밀던지 입에서 곡소리가 났다. 다 밀고 나면 온몸이 화상 입은 것처럼 벌겋게 달아올랐다. 그래도 고통의 시간이 지나면 아버지는 오란씨를 사주셨다. 아버지가 때를 밀 동안 옆에 앉아 병 속에 기다란 빨대를 넣고 오란씨를 쪽쪽 빨아 마시면서 물놀이를 했다. 고무 대야 속에 비누와 수건을 넣고 찬물을 가득 넣으면 뽀얀 거품이 보글보글 나왔다. 그 안에 손을 넣고 만지작거리면 시간 가는 줄 몰랐다. 지금도 목욕탕을 생각하면 아버지가 먼저 떠오른다. 자주 볼 수 없던 시절, 그곳을 지나면서 그리움을 삭히곤 했다.

중학교 1학년 때 학교가 발칵 뒤집어지는 사건이 있었다. 말썽을 도맡았던 7반 민수와 그 일당이 주말 저녁에 여탕을 엿보다 순찰하던 경찰관에게 붙잡혔다는 소식이었다. 걸린 이유도 일당 중 한 명이 창살과 건물 사이의 비좁은 틈 사이로 들어갔다가 몸이 껴서 나오지 못했다는 것이다. 사실, 여탕을 볼 수 있다는 곳은 남학생들 사이에 공공연한 비밀이었다. 다들 겁이 나서 실천하지 못했던 걸 민수와 그 일당이 과감히 시도한 것이다. 결국, 모두 정학 처분을 받았다. 학교 망신을 시켰다고 선생님들께 내내 구박을 받았다. 그 뒤로 목욕탕은 전면 보수공사에 들어갔고, 그 이야기는 전설로 남았다.

동네 목욕탕은 중학교 때까지 성황을 누렸다. 그러나 고등학교 때부터 인근에 대형 사우나가 하나둘 생기더니 손님이 급격히 줄었다. 사우나는 온탕 외에 보석탕, 쑥탕 등 다양한 탕이 있었고, 냉탕은 수영장 만했으며 거대한 폭포수가 떨어졌다. 처음 갔을 때 그 규모에 입을 다물지 못했다. 우리 가족도 비슷한 가격의 좋은 시설을 갖춘 길 건너 사우나로 발길을 돌렸다. 목욕탕은 결국 1년을 채 버티지 못하고 문을 닫았다. 건물이 무너지는 모습을 지켜보며 괜스레 죄스러운 마음이 들었다. 그렇게 추억의 한 조각이 문을 닫았다.

대학에 들어가서는 찜질방이 새로운 강자로 떠올랐다. 단순히 목욕만 하는 것이 아니라 쉬고, 놀고, 먹을 수 있는 다목적 공간이었다. 그 당시 신문기사에 할아버지들이 옷을 다 벗고 찜질방에 들어갔다가 뒤늦게 들어온 아줌마가 발견하고 기겁했다는 것을 본 적이 있었다. 처음 친구와 갔을 때 우리도 옷을 입고 나가는 건지 벗고 나가는 건지 헷갈렸었다. 무

사히 찜질방에 안착했지만, 얼마나 있어야 하는지도 몰랐다. 친구는 오래 있어야 좋다고 했다. 따뜻한 공기에 취해 1시간이 넘도록 그 안에 있었다. 더는 못 버티고 밖으로 나왔을 때 나는 현기증으로 쓰러질 뻔했다. 탈수 증상으로 물은 또 얼마나 먹었는지 모른다. 한동안 무서워서 가지 못했었다.

아내와 나는 찜질방을 좋아해서 연애 때부터 자주 다녔다. 결혼해서도 주말마다 특별한 일이 없으면 갔었다. 다행히 아들과 딸이 태어나 각자 맡으면 되니 찜질방 다니기도 수월했다. 오전에 가서 TV도 보고, 찜질도 하고, 점심도 먹고 하면 어느새 저녁이 다 되었다. 별다른 준비 없이도 하루를 보낼 수 있는 좋은 휴식처였다.

오늘같이 몸이 찌뿌둥한 날이면 목욕 가방에 때수건, 샴푸, 칫솔을 바리바리 챙겨 아이들 손잡고 가면 딱인데. 코로나가 흔한 일상을 참 어렵게나 만들었다. 뜨거운 물에 오래도록 샤워하며 아쉬움을 달래야겠다.

주머니 속 손을 빼다

나는 매일 지하철을 타고 출퇴근한다. 차를 운전해서 가나, 지하철을 타고 가나 똑같이 30분 남짓 걸리기 때문에 대중교통을 선호한다. 지하철에서 음악도 듣고, 블로그 글도 보고. 그 시간이 소소한 재미가 있다.

그런데 요즘 자꾸 마음이 가는 것이 있다. 봉천역에 도착해서 밖을 나가면 보이는 전단 나눠주는 할머니이다. 추운 겨울, 언제부터 나와 계셨는지 모르겠지만 온몸을 꽁꽁 무장하고 늘 그 자리에 서 계신다. 대부분의 사람은 할머니를 무시한 채 지나간다. 사실 나도 그런 사람 중의 하나였다. 받으면 읽어보지도 않을 전단지라 불편했고, 안 받으면 마음 한구석 양심이란 녀석이 콕콕 찔렀다. 그래서인지 그곳을 지나가는 마음이 늘 편치 못했다. 한때는 얍삽한 생각으로, 개찰구에 다다르면 양손을 슬며시 주머니에 넣었다. '나는 손이 없어서 받을 수 없어요'라는 무언의 신호였다. 못된 녀석.

나도 전단 아르바이트를 한 적이 있다. 군대를 제대하고 잠시 놀고 있을 때, 대학교 친구가 권유해서 함께 2주 정도 했었다. 장소는 명동 한복판이었다. 전단 한 뭉치를 잔뜩 손에 들고 지나가는 사람들에게 나눠주었다. 전단이 모두 없어져야 일과가 끝났다. 처음에는 무척 맘이 상했다. 눈도 안 마주치고 잔뜩 찡그린 채 지나가는 사람을 보면 야속한 마음이 들었다. 대부분이 그랬다. 그러다 간혹 밝은 표정으로 전단지를 받아주는 사람을 만나면 얼마나 기분이 좋던지. 세상엔 전단 받아주는 착한 사람, 안 받아주는 나쁜 사람으로 나뉘었다. 일은 생각보다 고되었다. 아침부터 시작해서 오후 늦게야 끝났다. 시작은 모두 같아도 끝은 모두 달랐다. 조금씩 일이 손에 붙고, 얼굴에도 철판이 깔렸다. 슬슬 눈치 보다 잽싸게 전단을 찔러 넣거나, 싫다는 사람에게 너스레를 떨며 살포시 쥐여주는 담대함도 생겼다. 집에 돌아가는 시간도 점점 빨라졌다. 아르바이트를 모두 마치고 한동안은 명동에 가지 않았다. 왠지 가면 안 좋은 기억들이 떠오를 것 같았다.

문득 그런 생각이 들었다. 내가 전단 한 장 받지 못할 정도로 여유 없는 사람이었나. 뭐 대단한 선행을 하는 것도 아닌데. 설사 그 전단이 회사에 도착해서 버려지더라도 할머니에게는 하루를 살아가는 소중한 한 장일 것이다.

최근 들어 전단을 무조건 받기로 결정했다. 이제는 개찰구를 나갈 무렵에 주머니에서 슬쩍 손을 뺀다. 그리고 내가 먼저 받겠다고 손을 내민다. 마음속 안위일지 모르지만 나는 그러고 싶다.

두 번째,
아빠 신팔불출 이야기

마흔넷에 디자이너가 되다

　이른 아침, 눈을 뜨면 나 홀로 책 읽는 시간을 갖는다. 책 안에 좋은 문장을 발견하면 기쁜 마음으로 노트에 적는다. 이 시간이 행복하다 싶을 때쯤에 방문이 열리고 잠에서 깬 딸이 달려온다. 아이 얼굴에 뭔가 기쁨이 가득 담겨 있다.

　"아빠, 인형 놀이하자!"

　고요한 아침을 깨는 딸의 한마디가 나의 폐부를 찔렀다. 왜 늘 슬픈 예감은 틀리지 않는지. 암, 그럼 해야지. 책을 덮어 구석에 놓았다. 딸은 어제 내가 버리려고 두었던 양말 꾸러미를 가져왔다.

　"각자 하나씩 인형 옷을 만드는 거야."

　인형 옷이라…. 딸아, 인형 놀이까지는 좋지만 옷까지

만들라고? 아빠는 정말 아재인걸. 하지만 거절하면 찾아올 후환이 두려워 열심히 양말을 자르고 옷을 만들었다.

"아빠는 바느질을 못하니깐 이따 엄마한테 꿰매달라고 할게."

뭐라고? 이래 봬도 아빠 육군 병장 제대야. 왕년에 계급장을 얼마나 많이 오버로크 쳤는지 알아?

얼른 옷방에 가서 반짇고리를 가져왔다. 그러나 바늘에 실을 꿰는 것부터 보통 일이 아니었다. 구멍은 안 보이고, 손은 떨렸다. 자존심에 조금씩 금이 갔다. 최대한 동공확장해서 드디어 실을 꿰었다. 야호! 딸의 지시에 따라 옷을 꿰매었는데, 삐뚤빼뚤했다. 옆에서 어찌나 구박하던지.

드디어 딸과 나의 작품이 완성되었다. 나는 집시풍으로 예술성을 강조했다(실상은 최대한 바느질을 피한 대충대충 스타일). 딸은 블링블링한 원피스를 만들었다(나의 바느질 솜씨가 허접하다고 나중에 엄마에게 부탁해서 다시 꿰매겠다고 통보).

작품 전시를 마치고 딸이 한마디 했다.

"아빠, 근데 옷에서 발냄새난다."

아빠는 딸바보로 다시 태어났다

나에게 딸은 보고만 있어도 눈가에 꿀이 떨어지는 존재다. 요즘 아들의 강한 저항을 수시로 접하며 딸의 솜사탕 같은 마음에 빠져든다.

딸은 나에게 애증의 존재이기도 하다. 딸로 인해 몇 년째 아내와 각방 생활을 이어가고 있다. 나는 현재 독수공방 중이다. 앗, 아니구나. 어제도 물 좀 떠달라고 괴롭히고, 자면서 발차기를 날리는 시커먼 아들 녀석이 옆에 있었네. 이런 말을 한 걸 알면 엄청나게 삐지겠는걸.

지금 딸에게 엄마란 존재는 인생 전부다. 아니, 사랑 그 자체다. 유독 엄마 껌딱지여서 내가 들어갈 틈조차 허락하지 않는다. 잠도 꼭 엄마랑 둘이 자야 한다. 가끔 내가 온갖 감언

이설로 둘이 같이 자자고 해도 늘 거절한다. 그렇게 좋아하는 인형을 사준다고 해도 물을 때마다 내일 꼭 같이 자겠다고 약속은 하는데, 그 내일이 매번 다시 내일이 된다. 언젠간 그 내일이 오늘이 꼭 되었으면….

토요일 오전 9시쯤 아내는 직장으로 향한다. 엄마가 사라진 공간 속에서 딸은 이내 감정 하나를 툭 꺼낸다.

"엄마 보고 싶어… 엄마가 없어서 슬퍼."

딸아, 너 어제 아빠가 퇴근해서 돌아온 저녁부터 오늘 아침까지 내내 엄마 차지했잖아. 그래도 부족한 거니?

하지만 재미있게도 아이의 그 감정은 그리 오래가지 않는다. 곧바로 내 옆에 꼭 붙어서 애교 폭탄을 터트리며 엄마를 금세 잊은 척한다. 그러나 엄마가 돌아온 순간엔 그동안 죽 지켜준 늙은 아비는 뒤로한 채, 엄마에게 쪼르르 달려간다. 조금 전까지 터트린 애교 보따리를 주섬주섬 싸서 뒤도 안 돌아보고 말이다. 그 뒤부턴 엄마 옆에 꼭 붙어서 내게는 철벽을 치기 시작한다. 이래 보면 사회생활 참 잘하네.

첫째를 낳은 후 아내는 둘째를 원하지 않았다. 팍팍한 우리 삶에서 둘은 너무 벅차다고 생각했던 것 같다. 나는 줄기차게 둘째를 원했다. 결국, 아내는 둘째를 낳기로 했으나 생기지 않았다. 하늘의 뜻인가 보다 생각하고 포기할 무렵에 둘째가 우리에게 왔다. 그래서 4년 터울 남매가 탄생했다.

둘째는 첫째보다 뭐든지 느렸다. 뒤집기, 서기, 걷기, 말하기, 읽고 쓰기 등. 늘 한걸음 뒤에서 시작했다. 심지어 지금도 가족 중에서 밥도 가장 천천히 먹는다. 우리 신씨 식구들은 다들 성격이 급해서 밥도 빛의 속도로 먹는다. 첫째도, 아내도 빨리 먹는데 늘 딸아이 혼자서 밥의 미학에 빠져 있다. 그게 무척 신기했다. 밥숟가락을 떠서 한 입 넣으면 열 번은 족히 씹는 것 같다. 백 세까지 살 각이다.

처음에는 걱정을 많이 했다. 이 빠른 세상 속도를 잘 따라갈 수 있을까. 하지만 조금 느릴 뿐, 못하는 것은 없었다. 오히려 세상을 천천히 바라보니 관찰력이 무척 뛰어나다. 그냥 스쳐 지나간 사람의 얼굴과 특징도 잘 기억하고 사물이나 풍경도 사진처럼 묘사한다. 많은 시간이 지나도 기억하는 모습에 깜짝 놀랄 때가 많았다. 제대로 '느림의 미학'이다. 지금은 오히려 딸이 부러울 때가 많다. 나는 급하게 잊고 지나치는 것이 참 많은데.

마음이 느긋해서인지 수용하는 깊이도 남다르다. 친구들에게 양보도 잘하고 배려하는 모습이 보인다. 특히 세상의 수많은 단어 중에 예쁜 것만 골라 말한다. 늘 상대방의 좋은 점을 발견하여 칭찬한다. 그러니 사랑받을 수밖에. 꿈도 엄마의 영향을 받아 몇 년째 언어치료사이다. 남을 돕는 일을 꼭 하고 싶단다. 그 마음이 예뻐 나도 맘속으로 응원 중이다.

그리고 얼마나 엄마에게 효녀인지 모른다. 화장실에 응가 하러 가거나, 씻을 때, 심부름을시킬 때는 꼭 나를 찾고, 맛있는 것 먹을 때, 좋은 곳에 갈 때, 코 잘 때는 꼭 엄마랑 한다. 그래도 그럴 때라도 불러주는 것을 감지덕지해야지. 농담처럼 나는 딸아이의 3D 담당이라는 말을 푸념처럼 하곤 한다.

얼마 전 친한 선배랑 술을 한잔 하는데, 얼큰하게 취하자 선배의 한숨이 땅속으로 꺼졌다. 무슨 일인지 물어보니 선배가 말했다.

"야, 내가 내 딸을 얼마나 금이야 옥이야 했는지 알지?"

"그럼요."

"고게 요즘은 술 먹고 들어가면 냄새난다고 방문도 안 열어보는 거 있지. 요즘엔 아예 나를 투명인간 취급이야. 내가 지를 어떻게 키웠는데…."

헉. 그 말을 듣고 술이 번쩍 깼다. 그 선배가 딸을 얼마나 사랑했는지 나는 옆에서 죽 지켜보았다. 딸도 아빠를 무척 따랐었다. 그런데 고등학생이 되었다고 이리 멀리 떠나는 것인가. 그럼 나도 채 10년이 안 남았다는 것인데. 막상 그 일이 나에게 닥치면 그 상실감은 이루 말할 수 없을 것 같다.

유치하지만 가끔 딸에게 묻는다.

"나중에 커서도 아빠랑 놀아줄 거지?"

"그럼, 당연하지!"

딸아, 약속한 거다. 아빠 녹음도 할 거야. 나중에 안 놀아주면 진짜로 삐칠지 몰라. 더도 말고 덜도 말고 지금처럼만 착한 마음 간직하며 천천히 살아가길 바란다. 그리고 정말 많이 사랑해.

유혹의 기술

딸은 엄마와 식탁에서 조잘대고 있었다. 샘이 나서 슬쩍 말을 건다.

"딸, 아빠한테 와볼래?"

"왜? 나 지금 무지 바쁜데."

음, 요즘 쉽지 않다. 일단 딸이 관심 가질 만한 무언가가 필요하다.

"아빠가 해줄 중요한 이야기가 있어."

"뭔데? 거기서 해."

몇 번 구슬린 끝에야 딸은 뾰로통한 얼굴로 내 옆 의자에 앉았다. 아이는 두 발을 모두 테이블에 올려놓고 산만하게 발가락을 꼼지락거렸다. 일단 불렀는데 막상 할 말은 없고,

어쩌지? 잠시 침묵이 흘렀다. 딸의 엉덩이가 들썩였다. 시간이 없었다. 뭐라도 해야 했다. 그때 보인 발바닥!

"옛날에 왼쪽 발바닥이랑 오른쪽 발바닥이 살았대."

오, 나쁘지 않은 출발이었다. 딸의 몸이 조금 나에게로 향했다.

"그런데 오른쪽 발바닥은 너무 외로웠대. 왼쪽 발바닥이랑 말하고 싶은데 맨날 바닥만 보고 걸으니 말을 걸 기회가 없었대."

딸의 발바닥을 붙잡고 설명까지 더했다.

"근데 아빠, 누가 여자고 누가 남자야?"

헉! 예상치 못한 질문이다. 순간 당황했다.

"어… 오른쪽 발바닥이 남자고, 왼쪽 발바닥이 여자야."

"아, 진짜? 오른쪽 발바닥 슬프겠다."

"그치, 그래서 오른쪽 발바닥이 꾀를 냈어. 주인한테 왼쪽 발바닥이 간지럽다고 이야기한 거야."

음, 여기까진 괜찮았다. 딸의 몸이 이제 완전히 내 쪽으로 향했다. 눈은 마치 판도라 상자가 열린 순간처럼 호기심으로 가득했다. 어떻게든 서사를 이어가야 했다. 나는 두 주먹을 불끈 쥐었다.

"그래서 주인은 오른쪽 발바닥으로 왼쪽 발바닥을 긁었어. 그때였어. 오른쪽 발바닥은 왼쪽 발바닥에게 반갑게 인사

했어. 늘 꿈꾸었던 시간이었어."

"와, 오른쪽 발바닥이 여자 왼쪽 발바닥을 좋아했나 봐."

딸은 늘 상상 그 이상이다. 하긴, 그렇게 생각할 수도. 이제 멋지게 마무리할 일만 남았다. 드디어 마지막 필사기다.

"왼쪽 발바닥도 반갑게 인사하고 싶었어. 그런데 안~ 푸하하하! 안~푸하하하! 너무 웃겨서 인사할 수 없었어. 안~뇨 푸하하하!"

나는 입을 최대한 크게 벌리고 온몸 흔들며 상황극에 몰입했다. 그때였다.

"와하하하! 너무 웃겨. 와하하하하!"

딸의 웃음보가 터졌다. 내가 좋아하는 반달눈을 뜬 채 배꼽 빠지게 웃어댔다. 그 모습이 웃겨서 나도 깔깔대며 웃었다. 우린 그렇게 한참을 큰소리로 웃었다.

"둘이 뭐가 그리 웃겨?"

아내의 질투 어린 목소리가 들렸다. 엄마의 사랑스러운 딸은 그 소리도 못 들은 채 웃음에 푹 빠졌다. 한참 웃다가 다시 나에게 더 이야기해달라고 졸랐다. 결국 신발장 안에 있는 빨간 장화, 개울 속 청개구리 이야기를 급조해서 들려주었다.

이제는 자야 할 시간, 딸은 애정 듬뿍 담긴 뽀뽀를 해주곤 방으로 사라졌다. 가기 전 내 귀에 대고 "다음에도 재밌는 이야기 꼭 해주기다!" 하면서.

딸의 뒷모습을 물끄러미 바라보았다. 족보도 없는 급조해서 만들어낸 이야기지만, 딸이 원한다면야 무엇을 못하랴. 오늘 유혹의 기술이 제대로 먹혔다. 우리에겐 이야기가 필요하다. 그것도 웃음 빵빵 터지는 이야기 말이다.

어느 기러기 아빠의 주름

 오전부터 단톡방에 불이 났다. 코로나로 사회적 거리 두기가 1단계로 조정되면서 모임이 가능해졌다. 3월, 6월, 9월, 12월, 1년에 네 번 만나는 모임을 올해 한 번도 하지 못했다. 벌써 9월을 넘어 10월에 다다랐다. 만나자는 파와 만나지 말자는 파로 나뉘어 피 튀기는 논쟁이 벌어졌다.

 나는 그 안에서 소심하게 눈치만 살폈다. 결국 사람이 덜 붐비는 한적한 장소에서 만나는 것으로 결정되었다. 누군가를 보는 것이 이렇게 힘든 일이 될 줄이야.

 우리는 시내로 나가지 않고 동네에서 만났다. 다들 마스크로 무장하고 마실 나오듯 편한 복장으로 나타났다. 하긴, 한 동네에서 나고 자라 알고 지낸 지 40년이 넘은 사이이다.

겁 없이 세상에 들이대던 패기는 안개처럼 사라지고, 얼굴 가득 근심 꽃이 피었다. 오래간만에 보아서일까. 그새 다들 많이 늙었다. 그중에서도 K의 얼굴이 유독 상했다. 뽀얀 얼굴이 귀공자 같아서 함께 다니면 후배로 오해받던 동안의 소유자였다. 얼굴에는 새빨간 여드름이 득실댔고, 이마에는 못 보던 주름이 늘었다. 무슨 일이 있었던 것이 분명했다.

한두 잔 술잔이 오가며 분위기는 조금씩 달아올랐다. 자연스레 시선이 K에게로 향했다. 우리 중에 눈치가 가장 덜 발달된 I가 불쑥 말을 꺼냈다. "너는 얼굴이 왜 그 모양이야. 무슨 일 있어?"라며 훅하고 펀치를 날렸다.

K는 크게 한숨을 내쉬었다. 근심 가득한 얼굴이 낯설었다. 사실 K는 얼마 전까지만 해도 우리 모두에게 부러움을 한가득 받았다. 오래 다녔던 중소기업을 그만둔 후 재취업을 한다고 자격증 준비를 조금 하더니 이내 아버지가 하고 있던 임대업을 시작했다. 그리고 얼마 뒤에 만났을 때 그는 편안해 보였다.

"취업은 이제 안 하려고. 왜 그동안 그리 힘들게 살았나 모르겠어. 지금 삶이 만족스럽네."

역시 조물주 위에 건물주였다. 늦은 출근(사실 출근이랄 것도 없지만)과 이른 퇴근은 그에게 시간을 선물했다. 여유로움은 쇼핑몰이라는 취미생활도 가능하게 만들었다. 사돈이

땅을 사도 배가 아프다더니. 겉으로 티는 안 냈지만 장이 배배 꼬였다.

그랬던 K가 우리 앞에서 그늘을 드리웠다. 이유인즉슨 몇 달 전 아내와 아이들을 방콕으로 유학을 보냈는데, 코로나가 터지는 바람에 가보지도 못하게 되었다는 거였다. 살던 집은 전세를 주고 일하는 곳 근처로 이사 왔다고 했다. 밥도 간편식으로 대충 때우고 헛헛한 마음에 술로 날을 지새운다고 말했다. 심지어 금요일은 저녁부터 새벽까지 마셔서 토요일 하루를 지웠다. 불규칙한 생활은 그를 노화시켰다.

K는 말로만 듣던 기러기 아빠가 되었다. 아이들에게 더 큰 세상을 보여주고 싶다는 마음에 최대 5년을 기획한 유학이었다. 임대업을 시작하지 않았더라면 꿈도 꿀 수 없는 일이었다. 아내와 아이들이 보고 싶어 힘들다는 말을 끝없이 늘어놓았다. K의 말을 들은 L과 M도 아이들 유학을 고려했었다는 말에 놀랐다. 다들 이런 생각을 하고 사는구나.

나도 몇 년 전 아내와 아이들의 유학에 대해 이야기를 나눈 적이 있다. 아내는 방학 때 단기 어학 코스라도 보내고 싶어 했다. 여유가 된다면 장기 유학을 보내고 싶다는 말에 식겁했다. 물론 우리 형편에는 불가능한 이야기였다. 그보다도 나는 아이들과 떨어져서 지내고 싶은 마음이 일도 없다. 일생에 한 번밖에 경험할 수 없는 아이의 어린 시절을 그대로 잃어버릴 수 없다.

나는 아버지와 어린 시절을 함께 보낸 기억이 없다. 아버지의 직장이 멀리 지방에 있는 바람에 1년에 몇 번 보기도 힘들었다. 고등학생이 되어서야 아버지와 함께 지냈는데, 이미 벌어진 틈을 메꾸는 데는 참 많은 시간이 필요했다. 아직도 어색함이 남아 있는 것을 보면, 어릴 적 아버지의 부재는 내내 마음에 외로움을 심어 놓았다.

물론 정답은 없다. K도 그런 결정을 내리기까지 얼마나 많은 고민을 했을까. 사랑하는 아내와 아이들을 멀리 떠나보내는 것은 쉽지 않은 결정이다. 그런데도 아이가 넓은 세상 속에서 좋은 기회를 얻길 바라는 마음에서 그랬으리라. 나 역시도 경제적 여유가 있었더라면 아내의 설득에 넘어갔을지도 모를 일이다.

부모가 되고 보니 내게 좋은 것보다 아이에게 하나라도 더 나은 것을 주고 싶은 마음뿐이다. "어머니는 짜장면이 싫다고 하셨어"라는 유행가 가사처럼 희생을 감수하고서라도 말이다.

하루빨리 코로나가 종식되어 K가 마음껏 아내와 아이들을 만날 수 있는 날이 오길 바란다. 그의 주름이 더 깊어지기 전에.

부모가 된다는 것은

부모가 된다는 것은 무엇일까. 철없이 어릴 때 덜컥 결혼하였고 아무런 준비 없이 두 아이의 부모가 되었다. 그렇게 10년이 넘는 세월이 흘렀다. 아이들의 눈에 비친 나는 어떤 아빠일까 궁금하긴 해도 섣불리 물어보긴 두렵다. 아이들은 또 우리에게 어떤 의미일까.

첫째아이는 복덩이였다. 신혼 초에 어머니와 아내가 종교 문제로 고부간의 갈등이 극에 달할 때 나도 심적으로 매우 힘들었다. 하루하루가 살얼음판을 걷는 기분이었다. 그러던 어느 날 꿈을 꾸었는데 우리 부부는 산동네에 살고 있었다. 가장 꼭대기에는 아빠랑만 사는 5살 남자아이가 있었다. 가끔 가서 놀아주었는데, 어느 날 가보니 아이 혼자만 울고 있었다. 그래서 물어보니 아빠가 떠났다고 했다. 그 아이를 꼭 껴안으며 내가 키워야겠다고 생각하는 순간 잠에서 깼다. 그리고 며칠 뒤 아내의 임신 소식을 알게 되었다. 내가 태몽을 꾼 것이다. 맙소사. 우리에게 아이가 생긴 후 자연스레 가족 간의 모든 갈등이 눈 녹듯 사라졌다. 그런 의미로 우리 아들은 복덩이였다.

아내는 유독 진통이 심했다. 10시간이 넘는 진통, 그리고 무통 주사를 잘못 놓아 몸의 왼쪽은 고스란히 그 고통을 떠안았다. 그 순간에 나는 아무것도 할 수 없었다. 그저 옆에서 손을 잡고 지켜볼 뿐. 그렇게 고통의 순간이 지나 드디어 아이가 태어났다. 영화나 드라마 속에서 아기가 태어나면 아빠들이 우는 모습을 보고 이해가 잘 안되었는데, 아이의 얼굴을 보는 순간 나도 모르게 눈물이 세찬 비처럼 쏟아졌다. 어떤 세상의 단어로 그 감정을 표현할 수 있을까?

아이가 커가면서 나 스스로 다짐한 것이 있었다. 나는 나의 아버지가 못한 '친구 같은 아빠'가 되겠다고. 지금 와서 생각하면 어느 정도 그 약속이 지켜진 것 같긴 한데, 요즘처럼 아들이 나를 아빠인지 형인지 착각할 때는 과연 내가 잘한 일인가 싶기도 하다. 이렇게 지지고 볶으며 산 지 벌써 12년이 지났다. 글을 쓰면서 새삼 우리 아들이 복덩이였음을 다시금 깨달았다. 늘 함께 자는 내 반쪽에게 구박은 그만하고 더 잘해주어야 할 텐데.

둘째아이는 기적이었다. 첫째가 태어나고 나는 줄기차게 둘째를 원했다. 하지만 아내는 일을 더 하고 싶어 했고, 둘째로 인한 경제적인 부담감도 크게 느꼈다. 그러나 첫째가 커 갈수록 아내도 둘째가 필요하다고 생각했고, 둘째를 갖기로 결정했다. 그 기간이 3년이나 걸렸다. 그러나 둘째는 생각처럼 쉽게 우리에게 찾아오지 않았다. 이제 그만 포기할까 싶을 무렵에 봄바람 설레듯 살포시 다가왔다. 아내와 나는 오랜만에 찾아온 소중한 인연으로 기쁨의 바다에 퐁당 빠졌다.

그러다 정기적으로 가는 산부인과 진료를 다녀온 후로 아내의 표정이 어두웠다. 자궁 쪽에 문제가 생겨서 경과를 보고 수술까지 해야 된다고 했다. 심할 경우에는 아이를 포기해야 할 수도 있다고 했단다. 그 순간 하늘이 무너져 내리는 기분이 들었다. 아내도 아이도 너무나 걱정되었다. 아, 어떡하지. 우리가 할 수 있는 것은 기도밖에 없었다.

일단 큰 병원으로 가보라고 해서 그곳에서 검사를 받았다. 며칠 뒤 결과를 확인하기 위해 병원에 갔다. 몸이 사시나무 떨듯 떨렸다. 의사 선생님은 차분히 설명을 해주셨다. 아내의 상태가 생각보다 심하지 않고, 오히려 아이를 출산하게 되면 자연스럽게 치료가 된다고 했다. 기적이었다. 둘째는 태어나기도 전에 아내의 병을 고쳐주었다.

첫째와는 달리 진통도 4시간 정도밖에 걸리지 않았고, 다행히 이번에는 무통 주사도 이상 없었다. 첫째를 보아서인지 둘째는 떨리지 않을 것 같았는데, 둘째를 처음 보는 순간 또다시 눈물이 폭풍처럼 쏟아졌다. 너무 사랑스러웠다. 우리에겐 기적 같은 아이였다. 그렇게 8년이라는 시간이 지났다. 뭐든지 느려서 걱정이었던 아이가 지금은 씩씩하게 초등학교 생활을 잘 해내는 모습을 보면 정말 대견하다.

부모는 미성숙했다. 복덩이와 기적 같은 아이를 키우며 부모도 함께 성장하고 있다. 사실 처음부터 성숙한 채로 부모가 된다면 참 좋겠지만, 적어도 나에겐 모든 과정이 어려운 일이었다. 나는 성격도 불같이 급하고, 마음도 콩만큼 작고, 나만 아는 이기적인 면도 많다. 이런 내가 두 아이를 키우며 기다릴 줄 알게 되고, 마음의 크기를 조금씩 넓혀가고, 배려라는 걸 하고 있다. 아직도 많이 미성숙한 나지만 오늘보다 내일이 점점 더 나아짐에 감사하다.

아이들은 나를 성장시키는 스승 같다. 그래서 이런 변화들이 참 좋다. 솔직히 나는 완벽한 아빠가 될 자신은 없다. 여전히 부족하고 서툴지만, 따듯한 마음으로 보듬어 주고 사랑한다고 원 없이 표현하는 팔불출 아빠가 되고 싶다.

부모라는 것이 나에게는 여전히 큰 무게로 다가오지만 앞으로도 피하지 않고 당당히 그 길을 걸어갈 것이다.

아들과의 마지막 승부

어제 오랜만에 과음했다. 어릴 적 친구들을 만나 도란도란 이야기를 나누다 보니 주량을 초과했다. 아침부터 속이 좋지 못하여 점심때쯤 옆에 있던 아들에게 순댓국을 먹으러 가자고 했다. 귀찮아하는 모습이 역력하더니 한 가지 제안을 걸어오는 게 아닌가. 다녀와서 같이 농구를 하자는 것이었다.

농구라… 속도 안 좋고, 날씨도 미세먼지 가득한데 하필이면. 더구나 마흔이 넘어서는 축구와 농구를 모두 끊었다. 하고 나면 허리도 아프고, 무리하다가 다칠 염려도 컸다. 그러나 하나를 얻으려면 다른 하나는 내놓아야 하는 것이 세상 이치이므로 아들의 제안을 수락했다.

순댓국으로 해장을 하고 나서야 속이 풀렸다. 집에 돌아와 농구공을 챙겨서 농구장으로 향했다. 아파트 단지 내 놀이터 옆에 조그만 농구 코트가 있다. 크기는 작지만 나름 골대가 2개 있는 풀 코트였다. 아들은 요즘 농구교실에서 농구를 배우고 있다. 몇 번 슛을 던지는 모습을 보니 제법이다. 나도 슛을 한번 던져 보았다. 첫 번째 시도는 실패였다. 두 번째도 슛을 던졌는데, 링을 한 바퀴 타고 돌더니 그대로 튀어나왔다. 슬슬 자존심에 금이 갔다. 아들 녀석의 비웃는 모습에 심기일전하여 드디어 세 번째 만에 성공했다. 몇 번 더 던져 보았더니 예전의 감각이 조금씩 돌아왔다. 몸이 기억하고 있었다.

함께 슛 연습을 하던 중 아들이 레이업슛을 알려달라고 했다. 레이업슛은 놓고 오는 거지. 공을 잡고 오른발, 왼발 스텝을 밟은 뒤 오른손으로 공을 골대 옆에 살짝 놓고 오면 골인이다. 먼저 몇 번 시범을 보여준 뒤에 직접 시켜보았다. 스텝도 엉망이고, 두 손으로 자꾸 회전을 주니 공은 계속 골대를 벗어났다. 그래서 스텝 없이 골대 앞에서 공을 놓고 오는 연습을 시켰다. 열심히 연습하더니 얼추 비슷하게 흉내를 내기 시작했다. 고슴도치도 자기 새끼는 예쁘다던데, 그렇게 열중하는 모습을 보니 뿌듯함과 대견함이 파도처럼 밀려왔다.

아들이 혼자 계속 연습해보겠다고 해서 나는 건너편 의자에 앉아서 구경했다. 늘 열심히 하는 것이 없어 보여 걱정했는데, 오늘 아들의 새로운 면을 발견했다. 혼자서 20분 정도 연습하더니 이제는 세 번 중에 한 번 정도는 성공했다. 문득 어릴 때 기억이 났다. 레이업슛을 미치도록 하고 싶었던 중학교 때, 혼자서 참 많이 연습했었는데…. 아들의 모습에서 어린 시절의 내 모습이 보였다. 그렇게 흐뭇하게 쳐다보는데 아들이 저 멀리서 오라는 손짓을 연신 했다. 가보니 시합을 하자는 거다. 어쭈, 한 수 가르쳐 주어야겠군. 5점을 먼저 내는 사람이 이기는 것으로 정했다.

아들이 먼저 공격을 시작했다. 슬금슬금 골대 앞으로 오더니 슛을 성공시켰다. 나도 질세라 공을 몰고 달려가 레이업슛으로 가볍게 골을 넣었다. 이어서 아들도 아까 배운 레이업슛을 바로 성공시켰다. 어디서 배웠는지, 공격할 때는 몸싸움도 마다하지 않았다.

처음 생각과는 다르게 점수는 어느새 4 대 4 동점이었다. 잘못하다가는 망신당하게 생겼다. 땀도 이마를 타고 턱 밑까지 흐르기 시작했다. 나는 잔뜩 긴장한 채로 드리블을 시작했다. 아들은 어깨로 격렬히 나를 밀어냈다. 몸을 오른쪽으로 가는 척하면서 공을 몸 뒤에서 튕겨 왼쪽으로 보냈다. 순간 아들이 중심을 잃었다. 이때였다. 나는 왼편으로 공을 드리블한 뒤 몸을 시계방향으로 틀어 왼쪽 골대로 레이업슛을 시도했다. 결과는 골인이었다. "휴" 하는 한숨이 나왔다. 초등학생 아들을 상대로 이런 고급 기술까지 써야 하다니. 아들의 얼굴은 일그러지더니 분한 기색이 역력했다. 씩씩대며 내게서 공을 빼앗아 연신 레이업슛을 연습했다. 얼마가 지난 뒤 목마르다며 음료수를 사달라고 했다.

    슈퍼로 가는 길에 앞으로 종종 농구를 하기로 약속했다. 같이 운동하며 땀을 흘리니 서로의 거리가 많이 가까워진 것 같았다. 어릴 때 아버지와 캐치볼을 했던 생각이 났다. 평소 무뚝뚝했던 아버지도 그때만큼은 엷은 미소를 보이며 공을 던졌다. 생각해보면 말로 하지 못한 애정을 몸으로 표현했던 것 같다. 아들이 어느새 그때의 내 나이가 되어 나 역시도 아버지가 그랬던 것처럼 땀을 흘리며 정을 쌓는다.

    언제까지 농구를 할 수 있을지 모르겠지만 아들이 중학생일 때까지는 하고 싶다. 그래야 사춘기 시절이 와도 거리감이 덜할 것 같다. 틈틈이 농구 실력도 갈고닦아야겠다. 언젠가 아들에게 패배할 날이 오더라도 품격을 지키기 위해서.

이런 아빠 되고 싶어요

 지난번 검사에 대한 못다 한 설명을 들었다. 검사의 초점은 직무 시 드러나는 특성이었다. 인정 욕구가 강하고 갈등이 발생할 시 주로 맞추려 하기 때문에 내적 스트레스가 강할 수밖에 없다고 상담 선생님은 말했다. 자연스레 원가족 탐색으로 상담이 이어졌다.

 어릴 때부터 아버지는 일 때문에 멀리 떨어져 살았고, 어머니가 모든 양육을 책임지셨다. 어머니는 무척 엄하셨다. 비가 오나 눈이 오나 우산 한 번 가져다준 적이 없었고, 몸이 아파도 무조건 학교는 가야 했다. 잘못에 대해서는 강한 체벌도 받았다. 시간이 많이 흐른 뒤, 왜 그리 모질게 하셨냐는 나의 물음에 어머니는 아버지도 없는 상황에서 그럴 수밖에 없었다고 말했었다. 어머니 홀로 오롯이 육아와 살림을 담당했으니 얼마나 힘드셨을지 이제는 조금 알 것 같다. 그런 강한 어머니 밑에서 아들인 나는 주장을 펼치기보다는 주로 맞추는 데 익숙했다. 특히 다른 사람의 이목을 중요하게 여겼던 어머니의 모습은 고스란히 나에게도 전해졌다.

지금 내가 이룬 가정에서도 그 모습이 드러나고 있었다. 아이가 커가면서 아내와 나는 교육관이 달라 자주 부딪혔다. 때론 격렬한 싸움이 벌어지기도 했는데, 결론은 늘 내가 백기를 드는 것으로 끝이 났다. 자식 문제에 누구 의견이 맞는지 승자가 있는 것은 아니지만, 조금이라도 더 조율하려고 해보지 않고 나는 언제나 뒤로 빠져 버렸다. 그러다 보니 점점 가족 내에서 아버지로서의 역할이 희미해져 갔다. 새로운 근무처로 발령받아 온 뒤론 주중에 늦은 퇴근이 이어지고, 아내 혼자 아이들의 교육과 양육을 담당하게 되면서 더욱 그랬다 (요즘 쉽게 말하기론 자녀의 성공 요건 중의 하나가 아버지의 무관심이라는데, 그런 의미론 지금 잘하고 있는 건가).

상담 선생님은 아버지로서 어떤 역할을 하고 싶으냐고 물었다. 순간 머릿속이 칠흑같이 캄캄해졌다. 그러게, 여태껏 그 생각조차 못했다. 솔직하게 말하면, 잘 모르겠다. 나는 어릴 때 아버지라는 존재가 어떤 모습인지 경험하지 못했다. 그저 나의 바람은 아이들과 함께 있고 싶다는 것뿐이었다. 그

소망을 이룬 지금, 그냥 친구 같은 아빠가 되고 싶었다. 선생님은 역할에 대한 고민을 꼭 해보면 좋겠다는 말로 상담을 마무리하셨다.

돌아오는 길에 아내에게 연락했다. 오늘 내용을 전해주었더니 무척 반가워했다. 아내에게 내가 어떤 역할 하면 좋겠냐고 물었더니 두 가지를 말해주었다. '권위'와 '정서적 지지'였다. 아내는 아이들과 친구처럼 지내는 것은 좋은데 경계가 너무 없다고 말했다. 권위적인 권위가 아니라 성숙한 아버지로서의 권위 있는 모습을 보였으면 좋겠다고 했다. 아, 어렵다. 하지만 어떤 의미인지 조금은 알 것 같았다. 그리고 아내가 주로 아이들을 혼내는 역할을 하니, 나는 따뜻한 말이나 스킨십을 자주 해주면 좋겠다고 했다. 아내의 말이 고마웠다. 그저 간섭하지 말길 바랄 줄만 알았는데, 아내도 나에게 바라는 점이 있었다. 아내와 통화를 마치며 주중에 하루는 일찍 퇴근하기로 약속했다. 힘들겠지만 아이들과의 시간을 보내기 위해서는 꼭 실천해야겠다.

집에 돌아와 아이들을 바라보니 왠지 전과 다른 느낌이 들었다. 괜스레 다가가 한 번씩 안아주며 사랑한다고 말했다. 아들은 내일 PPT 숙제가 있으니 도와달라고, 일찍 퇴근하라고 했다. 오케이 콜!

씻고 자리에 누우려는 찰나, 문밖에서 아들이 같이 자

게 기다리라는 말이 들렸다. 아들은 쏜살같이 이불 속으로 들어왔고 잠시 이야기를 나누었다. 나는 아들에게 어떤 아빠였으면 좋겠냐고 물었다. 내 예상과 다르게 바라는 것이 한가득했다. 그렇게나 바라는 점이 많았다니, 그간 철없는 아이로만 보았나 보다. 어느새 딸도 다가와 말을 더했다. 앞으로 해야 할 숙제가 많아졌다. 눈은 감기고 점점 꿈나라로 향해 가는데, 마음 한구석은 뜨거웠다.

 좋은 아빠가 되고 싶다. 아이들이 언제든 기댈 수 있고 따듯함을 느끼는 그런 아빠 말이다.

딸과 함께한
마지막 콘서트

요즘 딸아이는 싱그러운 봄 그 자체다. 눈은 바다가 햇살을 맞은 것처럼 반짝거리고, 뺨은 첫사랑을 만난 듯 발그레하다. 첫 콘서트를 준비하고 있기 때문이다.

당연히 아빠로서 축복해 주어야 마땅하나, 마냥 그럴 수만은 없는 가슴 아픈 사연이 있다. 그 콘서트가 바로 딸과 나의 듀엣 콘서트이기 때문이다.

며칠 전 딸아이가 오빠 방으로 나를 다급하게 불렀다. 지금 춤 연습 중인데 봐달라고. 오케이. 이불 위에 앉아 베개를 떡하니 무릎에 올려놓고 감상할 준비를 하는데, 글쎄!

"아빠, 내가 하는 것 잘 봐. 아빠도 해야 하니깐!"

엥, 내가?

나는 타고난 3치다. 길치, 박치, 몸치. 길치는 내비게이션 덕분에 해결했고, 박치는 노래방을 1년에 한두 번 가려나. 가면 자막이라도 있으니 박자를 연신 놓쳐도 그 순간만 창피하면 된다. 그런데 몸치는… 다행히 이젠 춤을 출 일이 없으므로 이마저도 극복했다고 생각했는데 난데없이 춤이라니. 더구나 마흔이 훌쩍 넘은 나이에.

딸아이가 추는 춤은 춤이라기보다는 율동 같았다. 음, 종류는 3가지 정도. 먼저 첫 번째 춤은 '호호'이다. 스케이트 타는 동작과 비슷하다. 오른발을 살짝 앞으로 구부리고 왼발은 뒤로 죽 펴고, 오른팔을 뒤에서 앞으로 흔들며 덩달아 머리도 같이 흔들어야 한다. 여기에도 법칙이 있다. 절대 오른손이 엉덩이 선 앞을 넘으면 안 된다. 그러면 바로 불호령이 떨어진다.

"아이, 아니. 아니, 아빠 봐봐. 손은 절대로 여기 이상 가면 안 돼. 알았지!"

"아니, 모르겠어. 사실 아빠는 혈압이 높아. 머리를 심하게 흔들면 어지러워"라고 말하고 싶은 마음이 굴뚝같았지만, 입체 영상으로 펼쳐질 딸아이의 실망하는 모습이 그림처럼 눈앞에 떠올라 차마 말을 못했다. 일단 열심히 몸을 흔들었다. 그런데 희한하게 하면 할수록 되네. 중간중간 딸아이의 칭찬도 묘하게 기쁘고.

그런데 이 춤은 흔들기를 마치면 잠시 동작을 그대로 멈추고 오른손을 모두 편 후, 엄지부터 손가락을 접으며 함께 원, 투, 쓰리, 포, 파이브를 외쳐야 한다. 여기서 포인트는 사랑 가득한 표정이다. 이건 도저히 못하겠다. 딸아이야 짓는 표정 모두가 사랑 가득하지만 나는 세파에 찌든 중년 남자인데 어떻게 그런 표정을 짓느냐 말이다. 딸아, 제발 살려줘. 하지만 매정한 그녀에겐 용서란 없다. 최대한 원하는 대로 근접한 표정을 지어본다. 입꼬리와 눈초리는 올리고, 로또 1등에 당첨된 것처럼 이미지 트레이닝하며 활짝.

몇십 번의 연습으로 어느 정도 1번 춤은 패스. 그런데 살짝 화가 나는 건 2번, 3번 춤이 매일 바뀐다는 거다. 창작자 본인이 까먹는 것이다. 그리곤 매번 새로운 율동을 만들어 낸다.

이걸 어쩌나. 급기야 엊그제에는 엄마한테 쪼르르 달려가 토요일에 아빠와 함께 공연한다고 공표하였다. 그리곤 혼자 흥분하고 있다. 늙은 아비의 속은 아는지 모르는지, 옷도 새로 사야 한다는 걸 간신히 위워 진정시키고 청바지에 흰 티셔츠로 통일하기로 했다. 얄미운 첫째는 콘서트를 동영상으로 찍겠다며 딸아이와 약속했다. 왠지 지난번에 게임을 안 시켜준 아빠에 대한 복수 같다.

어제도 퇴근 후에 연습했는데, 또다시 2번, 3번 춤이 바뀌었다. 아이의 기억 기능을 탓할 수도 없고, 오늘은 아예 동영상으로 찍어둬야겠다.

 벌써 내일이다. 크리스마스 때 애인이 없는 솔로는 잠이나 자면서 그날을 머릿속에서 지운다는데, 이건 뭐 그럴 수도 없고. 마음 한편으로 '뭐 해서 안 되는 것이 있겠어'라고 합리화 기제를 발동한다. 오늘 저녁에 열심히 연습해서 내일 가족에게 큰 웃음을 선사해야지. 문득 찾아온 딸아이와의 콘서트. 이렇게 봄 한쪽이 쓱 하고 지나간다.

중국 제품 없이 살기
불가능한 것처럼

　미국의 어느 평범한 가정에서 한 달간 중국 제품 없이 살기에 도전하는 기사를 본 적이 있다. 일주일 정도는 잘 버텼으나 결국 이주일 차에 견디지 못하고 실패했다. 눈꺼풀이 한없이 내려앉아 침대에 누운 그때, 생뚱맞게 왜 그 생각이 떠올랐을까?

　원인은 첫째에게 있었다. 아이는 이제 막 사춘기의 터널에 진입해서 온갖 악행을 도맡고 있다. 조금이라도 잔소리를 할라치면 눈엔 헤드라이트, 입엔 모터를 달고 반격한다. 나는 요즘 재택근무를 다시 하면서 주 2회는 첫째와 종일 같이 있다. 평화의 시기도 잠시, 이내 가정대전이 발발한다. 그래서 내일 하루만이라도 잔소리 없이 지내보겠다는 굳은 결심을 했다. 잘할 수 있겠지.

아침에 눈을 뜨니 아내는 출근 준비를 하고 있었다. 내게 가슴 안에 한가득 과제를 남기고 바람처럼 사라졌다. 우선 오전 8시 40분에는 두 아이를 깨워 아침밥을 챙겨주어야 한다. 그리곤 곧바로 온라인 수업이 시작된다. 첫째는 노트북으로, 둘째는 패드를 대령해야 한다. 다시 점심을 먹고 둘째는 영어 학원에 데려다주어야 한다. 첫째는 집에 좀 더 머물다가 혼자 수학 학원을 간다.

간단히 아침을 챙겨 먹고 서둘러 감자, 양파, 고기를 기름에 볶은 후 카레라이스를 만들었다. 아내가 전날 만들어 놓은 시래깃국을 데우고 반찬 몇 가지를 놓으니 그럴싸한 아침 식탁이 완성되었다. 잠깐 한숨을 돌리고 나니 아이들을 깨울 시간이 다 되었다. 우리 먹보 둘째는 어느새 밥 냄새를 맡고 식탁 의자에 앉았다. 첫째의 방에 가보니 코를 드르릉 골며 꿈나라에 빠져 있었다. 몇 번 흔들어 깨워봤지만 꿈적도 하지 않았다.

"아들, 일어나. 밥 먹어야지."
"아이, 됐어. 그냥 더 잘래. 짜증나게 왜 자꾸 깨워!"

얼굴을 잔뜩 구긴 채 이불 속으로 커다란 덩치를 숨겼다. 아니 이걸 그냥. 잔소리가 턱 밑까지 차올랐다. 아냐, 어제 분명 다짐했잖아. 밥 안 먹으면 배고픈 지가 손해지.

첫째를 그대로 둔 채 테이블로 가서 업무를 시작했다. 그래도 다행히 아들은 온라인 수업이 시작되기 전에 일어나 준비를 했다. 화장실을 몇 번이나 들락날락하고 머리에 물도 묻히며 어찌나 외모에 신경을 쓰는지, 잘 보이고 싶은 여학생이라도 생긴 건가.

오늘따라 처리할 회사 업무가 많았다. 수시로 연락이 오고, 오전까지 보낼 보고서를 작성했다. 한참 일하는 중에 첫째가 급히 방에서 튀어나오더니 배고프다고 밥을 차려달라고 했다. 쉬는 시간이 10분밖에 없다고 얼마나 재촉하던지. 아침에 안 먹겠다고 난리를 칠 때는 언제고 밥을 두 번이나 차리게 만들다니. 카레와 국을 다시 끓이려는데 등 뒤에서 너무 당당한 요구 사항이 들어온다.

"아빠, 카레 안에 밥을 넣고 같이 볶아줘. 난 그게 맛있더라."

돌아보니 아들은 핸드폰 게임에 코를 박고 낄낄대고 있다. 얄미운 녀석. 그래도 원하는 식사를 대령했다. 회사에서 연락이 와서 처리하고 나니 이미 아들은 방으로 사라지고 없었다. 설거지를 마치고 다시 업무에 집중했다.

첫째는 온라인 수업을 마치고 호빵이 먹고 싶다고 했다. 전자레인지에 데우는 동안에도 이미 온 정신은 게임 속에 있었다. 우연히 문틈 사이로 방 안을 보았다. 한바탕 태풍이라도 지나간 듯 벗어 던진 옷은 방바닥에 나뒹굴었고, 책상 위에는 노트와 책들이 아무렇게나 널브러져 있었다. 방 안에 있는 서랍장과 거실 장은 왜 죄다 열어놓았는지. 정말 목구멍에서 불이 났다. 참을 '인(忍)'자를 계속 마음속에서 읊조렸다. 혼돈의 카오스에 빠진 첫째의 방을 원위치시켰다.

오후 늦게 첫째는 학원에서 돌아왔다. 배고프다고 노래를 불러서 냉동실에 있는 핫도그를 데워 간식으로 주었다. 아들은 다 먹고 남은 나무젓가락을 식탁 위에 고이 모셔두고 또다시 게임 삼매경에 빠졌다. 참다 참다 나도 모르게 말이 튀어나왔다. 그냥 그런 한마디였다. 게임 적당히 끝내고 숙제하라는 말이 그렇게나 듣기 싫은 말이었을까.

"아빠는 맨날 그 소리야. 내 일은 내가 알아서 할게. 신경 쓰지 말라고."

아들아, 그만. 거기서 더 하면 아빠가 약속을 지킬 수 없잖아. 간절한 나의 바람과 달리 첫째는 결정타를 날렸다.

"아빠는 아빠 일이나 잘하셔."

뭣이라. 문고리를 정확히 90도로 돌려 방 안으로 들어가서는 영화 〈곡성〉의 어린 딸처럼 빙의되어 방언을 쏟아냈다. 정신을 차려보니 아들의 동공은 지진이 났고, 정신은 반쯤 나가 있었다. 아뿔싸. 어제 나 스스로 한 굳은 결심은 무엇이란 말인가. 허탈한 마음을 금할 수 없었다.

쓰린 속을 부여잡고 터벅터벅 걸어 나왔다. 머릿속에는 온갖 삼라만상이 떠돌아다녔다. 뒤늦게 후회해본들 소용없었다. 이미 차가운 공기가 집 안 곳곳을 점령했다. 멀어진 틈을 좁히려면 시간이 필요하겠지. 한숨이 절로 나왔다.

중국 제품 없이 살기가 불가능한 것처럼, 잔소리를 안 하고 살기 그거 참 어렵네. 미션 실패다.

존경받는 아빠는
안 되더라도

우당탕탕. 엉덩이가 하얀 바닥에 부딪히며 진한 파열음을 만들었다. 위에서 내려다보며 사악한 미소를 짓는 녀석이 보였다. 전쟁이 시작되었다.

크리스마스이브 홈 파티 중이었다. 스테이크에 와인을 마시며 천상 위를 걷고 있는 것처럼 행복했다. 목이 마르다며 물을 달라는 아들의 부탁을 받고 정수기에 간 사이에 계략이 벌어졌다. 물을 주고 앉는 순간 의자가 있어야 할 그 자리엔 아무것도 없었다. 통증은 꼬리뼈 세 마디쯤에서 멈췄다.

깔깔대는 아들의 목덜미를 부여잡아 침대에 내동댕이쳤다. 그 순간엔 부자라는 단어는 둘 사이에 존재하지 않았다. 치고받고, 깨물고, 할퀴고 만신창이가 되었다. 어느새 침대에서 떨어져 맨바닥을 뒹굴고 있는 우리에게 아내는 "그만해!"라고 소리쳤다. 순간 얼음이 되어 슬금슬금 주방으로 돌아왔다. 아직 분이 덜 풀렸으나 이쯤에서 그만두어야 한다는 건 다년간의 경험으로 우리 둘 다 알고 있었다.

"오빠, 어떻게 하는 짓이 얘랑 똑같아! 아빠답게 행동하면 안 돼?"

아내의 폭풍 훈계가 이어졌다. 대꾸도 못하고 죄인처럼 접시에 코를 박았다. 식사를 마치고 이번에 새로 구입한 빔으로 거실에서 영화를 시청했다. 크리스마스에는 꼭 보아야 할 영화 〈나 홀로 집에〉였다. 명작은 시간의 흐름도 거스른다. 옆에서 깔깔대며 몰입하는 아이들의 표정을 보며 잠시 생각에 잠겼다. 아빠다운 것이 무엇일까?

어릴 때 아버지의 환한 웃음을 본 기억이 별로 없다. 자식에게 감정을 드러내는 것은 팔불출 같다고 생각하셨다. 말씀도 별로 안 하시는 묵직한 아버지의 존재는 다가갈 수 없는 거리감을 만들었다. 술을 잔뜩 드시고 오셔야 담아둔 애정을 과하게 풀어놓곤 했었다. 아버지께 사랑한다는 말을 처음 들었던 것도 군대 입대해서 훈련병 때 받은 편지 안에서였다. 그것이 뭐라고 화장실에 들어가 펑펑 울었던 기억이 생생하다. 연세가 드시고 요즘 들어 끝도 없이 이어지는 말씀을 듣고 있노라면, '그때 좀 살갑게 대해 주지' 하는 아쉬움이 남는다. 그 긴 시간을 어떻게 참고 지내셨는지. 그때부터 결심했다. 나중에 결혼해서 아빠가 된다면 마음껏 표출하리라.

아들이 우리에게 찾아온 것은 결혼 후 6개월 만이었다. 시간이 많이 흘렀음에도 떨리는 두 손으로 받아 든 아이의 모습은 잊을 수 없다. 아이가 자라면서 계획했던 프로젝트를 실행했다. 사랑한다는 말을 수시로 해주었고, 늘상 몸으로 부대끼며 놀아주었다. 그런 영향일까, 사춘기가 되었어도 내 무릎에 앉아 조잘대고 넘치는 에너지를 주체 못할 땐 한판 하자며 달려든다. 그 모습이 과해서 때론 너무 격 없이 대하는 건 아닌가 하는 시험이 들 때도 있다. 얼마 전, 아내도 진지하게 그 부분에 대해서 걱정했다. 편하게 대하는 것은 좋지만 적절한 선은 있으면 좋겠다고 했다.

그래서 거울을 보고 연습을 해보았다. 목소리는 한 톤 낮추고 근엄한 표정으로 "아들, 요즘 걱정거리는 없니?"라며 말하는 순간 온몸 가득 닭살이 돋아 꼬꼬댁 소리가 나오는 줄 알았다. 역시, 아니야. 사람이 안 하던 짓을 하면 큰일 난다고 하던데, 일 치르기 전에 그만두어야겠다. 그리곤 방에 몰래 찾아와 뒤에서 덮친 아들과 한바탕 굴렀다.

뭐, 어른 같은 아빠가 아니면 좀 어때. 지금처럼 친구같이 지내며 편하게 다가가면 되는 거지. 나중에 어른이 되어서도 소주 한잔하며 속 깊은 이야기를 나눌 수 있으면 좋겠다.

그때 가서도 사랑한다는 말을 스스럼없이 할 수 있는 아빠가 되고 싶다. 어차피 시간이 지나고 본인만의 세상이 생기면 멀어지는 것은 숙명이리라. 할 수 있는 동안만이라도 최대한 표현하고 싶다. 세상에 많고 많은 아빠 중에 나 같은 아빠 하나쯤 있다고 별일 있겠어.

존경받는 아빠는 안 되더라도 친구처럼 편한 아빠, 내가 끝까지 간직하고픈 아빠 모습이다.

세 번째,
남편 삼식이 이야기

남편 양말은
걸레와 같이 빤다

'지징' 하는 소리와 함께 출력물이 바닥으로 떨어졌다. 아내는 그 모습에 놀라 서둘러 프린터로 달려갔다. 종이가 나오는 프린터 출입구의 주둥이를 쫙 펴더니 더는 출력물이 바닥으로 떨어지지 않도록 조치를 취했다. 그렇게 아들의 유인물을 금이야 옥이야 구해내곤 다시 내 맞은편에 앉았다. 그리곤 민망한 표정으로 나를 바라보았다.

"저렇게 앞으로 빼면 될 것을 나는 그동안 계속 바닥에 떨어뜨렸네."

"그래, 지난번에 보니깐 바닥에 날리더라."

"봤으면 내 것도 좀 챙겨주지."

"칫, 아들이 당신이랑 같아? 우리 아들 것이 얼마나 중요한데."

아니, 말이야 방귀야. 아내에게 눈으로 강렬한 레이저를 쏘았다.

"뭐야? 째려보는 거야? 그런 식으로 해봐. 얼마 전에 어디서 들었는데, 꼴도 보기 싫은 남편 양말은 걸레랑 같이 빤다고 하더라. 당신도 조심해."

안 그래도 얼마 전에 양말에서 걸레 냄새가 난 것이 떠올랐다. 설마! 양말을 걸레랑 같이 빤다고? 제발 아니라고 말하라고! 그날을 곱씹어 보았다. 맞아, 그즈음에 싸웠던 것 같기도 한데. 아내를 향한 의심의 눈초리가 거둬지질 않았다.

"그뿐인 줄 알아? 칫솔을… 아니다, 그만하자."

왜? 뭔데? 계속 말하라고. 칫솔을 뭐 어떻게 했는데? 아내는 입을 다물고 더는 말이 없었다. 피곤하다며 안방으로 사라졌다. 내 안의 의심만 걷잡을 수 없이 커졌다.

예전에 어떤 리얼리티 TV 프로그램에서 병든 남편에게 사탕만 먹이는 아내에 관한 이야기를 본 적이 있다. 알고 보니 남편이 젊은 시절에 가정 폭력이 심했단다. 나이 들어 갑자기 남편이 쓰러졌고, 의식만 남은 채 몸을 움직일 수 없게 되자 그때부터 아내의 처절한 복수가 시작되었다. 방송 끝에 거의 반 미라가 된 남편은 간신히 구조되었다. 하필 이 시점에 그 프로그램이 떠오를 게 뭐람.

하던 일을 마무리하고 안방으로 갔다. 아내는 누워서 핸드폰을 하고 있었다. 슬쩍 옆으로 다가갔다.

"여보, 내가 병든 남편에게 사탕만 주는 아내 이야기를 TV에서 본 적이 있는데, 혹시 늙으면 자기도 나한테 그러는 건 아니겠지?"

"호호호. 뭐래? 내가 설마 그러겠어? 하긴, 또 모르지. 그러니깐 잘하라고."

네, 앞으로 깐죽거리지 않고 말도 잘 들을게요. 그러니 제발 걸레랑 양말은 같이 빨지 말아줘요. 그리고 나중에 아파도 사탕만 주지 마요. 몹시 슬플 것 같아요.

아내의 방긋 웃는 얼굴에 마음이 놓이면서도 한편으론 사라지지 않는 불안감이 드는 건 왜일까.

마흔 삼식이

저녁 준비로 분주했다. 아내는 국수를 삶았고, 나는 옆에서 고기를 구웠다. 자연스레 먹는 이야기가 오갔다. 아내의 친한 언니 중에 남편이 오후 4시 30분이면 퇴근하는데, 매일 저녁 밥상을 차리는 것이 여간 곤욕이 아니라고 했다. 그래서 저녁마다 나와서 걷기를 하는데, 그렇게라도 하지 않으면 못 살 것 같다고 했단다.

그리곤 아내도 한숨을 내쉬었다. 코로나19로 인해 내가 주 2회 재택근무를 하면서 저녁 준비를 하는 것이 만만치 않다고 했다. 하긴, 원래는 주중에 거의 야근이라 집에서 밥 먹을 일이 없었다.

얼마 전에 유명 체육 예능인의 발언이 화제가 된 적이

있었다. 황혼 이혼을 수천 번도 생각해보았다는데, 가장 큰 이유가 아내가 밥을 해주지 않아서였단다. 요즘 시대에도 이런 간 큰 발언을 하는 남편이 있나 싶으면서도 마음 한편이 아렸다.

처음 회사에 입사했을 때, 퇴근 후에 집에 곧바로 가지 않는 선배들이 이상했다. 어떻게든 건수 잡아서 한잔하려고 해서 피해 다니기 바빴다. 특별히 할 일이 있어 보이지도 않는데 꼭 남아서 야근하고 밥을 먹고 갔다.

막 첫째가 태어나서는 아내의 긴급 호출에 땡 치면 퇴근하기 바빴다. 둘째가 태어나고부터는 한동안 친구들을 만나는 것조차 눈치가 보였다. 특히 아내가 토요일에 일을 나가면서부터는 주말엔 내가 육아를 맡았다. 집 안에서 내가 차지하는 비중이 매우 높았다.

한 해, 두 해 시간이 흐르고 아이들은 벌써 초등학교에 들어갔다. 마흔이 넘었고, 처음 입사해서 만난 선배들의 나이대가 되었다. 어느덧 야근은 습관이 되었고, 주중에는 대부분 밖에서 식사를 하고 집에 간다. 아이들과는 학원 가고 숙제하느라 좀처럼 이야기를 나눌 시간이 없다. 일도 많았지만, 굳이 집에 일찍 가서 뭐하나 싶어 은연중에 자리를 잡고 앉아 있기도 했다. 그토록 이상하게 여겼던 선배의 모습이었다.

며칠 전에 동료들과 저녁을 먹고 회사로 돌아오는 사이

에 이야기를 나누었다.

"나는 일부러 밥을 먹고 가. 아내가 먹고 들어왔으면 하더라고."

"저도 그래요. 일찍 가도 딱히 반기는 분위기도 아닌 것 같고, 애들도 공부하느라 바쁘고요."

"차라리 여기가 더 편한 것 같아. 집에 일찍 가면 괜히 눈치만 보이고."

다들 말하며 고개를 끄덕거렸다. 중년 아재의 삶은 이런 것인가. 푹 꺼진 눈동자에 힘이 없었다. 그깟 밥이야 밖에서 먹든 집에서 먹든 무슨 상관이랴. 다만 가족과 심리적 거리가 멀어질까 두렵다. 나중에 퇴직해서 한 집에 오래 머물 때 어색해지는 것은 아닐까 걱정도 되고. 한때 화두가 되었던 '황혼 이혼', '졸혼'도 남일 같지 않다. 집에 일찍 들어가도 반기고, 밥을 같이 먹어도 부담되지 않는 방법을 찾고 싶다. 나중에 나이 들어도 가족 안의 정당한 구성원으로 인정받고 싶다. 어떻게 해야 좋을까?

"여보, 무슨 생각해?"

"아… 아니야, 아무것도"

"우리 나중에도 꼭 일이 있어야 할 것 같아. 어떻게 종일 같이 있고 같이 밥 먹어. 생각만 해도, 어휴."

아내의 구겨진 얼굴을 쳐다보며 불쑥 서글픈 감정이 달

처럼 차올랐다.

여보, 근데 꼭 밥이 밥만 의미하는 것은 아니잖아. 밥은 알아서 챙겨 먹을 테니, 그저 밀어내지만 않았으면 좋겠어. 나도 할 일 있을 거고, 매일 집에만 있지도 않을 거야. 애들 다 크면 우리 둘밖에 더 남아? 알콩달콩은 못해도 같이 곱게 늙어갑시다. 응?

아내와 데시벨 맞추기

일주일간 지방 출장을 다녀온 후로 아내의 기운이 심상치 않았다. 내가 너무 자리를 많이 비운 듯하다. 그동안의 경험상 이럴 땐 몸을 바싹 낮추는 것이 중요하다. 금요일 저녁, 식사를 마친 후 나는 일부러 목소리 데시벨을 높였다.

"음식물 쓰레기도 버리고 분리수거도 하러 빨리 나가야겠다!"

양손 가득 바리바리 싸 들고 서둘러 밖으로 나갔다. 다녀오니 다행히 아내의 온도가 1도 정도 올라가 있다. 역시! 출장 짐을 정리한 후에 저녁 8시부터 시작되는 축구 경기를 보려고 준비를 했다. TV가 없는 집이라 와이파이를 연결한 후 핸드폰의 스포츠 동영상을 눌렀다. 그리곤 아무 생각 없이 거실에서 공부하던 아들 옆에서 보았다. 아들도 궁금했는지 연신 고개를 돌려 기웃거렸다.

"아니, 당신 생각이 있는 거야? 애 공부하는데 거기서 보면 어떡해요? 민석이도 공부를 하든지, 축구를 보든지 둘 중에 선택해!"

아! 나의 실수였다. 괜히 충전하면서 본다고 애 옆에 있다 이게 뭔 일인가. 나는 서둘러 사과하고 안방으로 피신했으나 아들은 엄마의 말에 기분이 상했는지 툴툴거리다 원투 잽 몇 대를 더 맞고선 결국엔 축구를 안 보겠다고 선언했다.

자식, 눈치가 있어야지. 하긴, 원인 제공자는 나였다. 아들에게 미안했다.

축구 경기 전반전이 끝날 때쯤, 아내가 과일을 깎아서 거실 상에 두었다. 딸은 선생님과 학습지를 하고 있었다. 과일은 사과와 오렌지 두 종류였다. 아들과 나는 둘 다 오렌지를 무척 좋아한다. 접시의 과일을 정신없이 먹어치웠다. 내가 오렌지 한 조각을 집는 순간, 아내의 얼음장같이 차가운 말이 날아왔다.

"오렌지를 다 먹으면 어떡해? 시원이도 주고 해야지. 우리 집 남자들은 다들 생각이 없어. 이기적이야."

아뿔싸. 정신을 차려보니 그 많았던 오렌지가 겨우 두 조각 남았다. 슬며시 다시 상 위에 올려놓았다. 혼나도 쌌다.

교육 기간 동안 며칠 과일 구경을 못했더니 잠시 이성이 산책을 하러 갔나보다.

축구를 다 본 후에 거실에서 빨래를 개고 있는데, 아내가 아들을 혼내는 소리가 들렸다. 아들이 국어 숙제를 했는데 글씨가 엉망이었나보다. 아내가 아들에게 전부터 그렇게 글씨를 잘 쓰라고 말해도 안 듣더니, 결국 혼이 나는 거였다.

아내가 방을 나간 후 아들에게 가보니 얼굴에 우거지가 한가득 폈다. 엄마는 맨날 혼만 낸다며 투덜거리고 있었다. 나는 아들에게 진심 어린 조언을 건넸다. 사실, 내가 살 길이기도 했다.

"아들, 엄마가 오늘 여러모로 마음이 그런 것 같아. 우리도 잘한 것 없잖아. 아빠도 그렇고, 너도 그렇고. 이럴 땐 우리가 엄마 마음을 잘 맞춰줘야 돼. 알았지?"

"아니, 몰라. 엄마는 화만 내고… 짜증나."

그때 거실에서 아들을 부르는 아내의 목소리가 들렸다.

"소파에서 누가 과자 먹고 이렇게 두었어! 너니?"

헉, 난데! 큰일 났다. 교육 다녀온 후 출출해 소파에서 과자를 먹었는데, 다 먹고 봉지를 그대로 두었던 거다. 얼른 달려가 자백하려는 순간 아들이 말했다.

"아까 낮에 삼촌이 과자 먹었었는데."

휴, 살았다. 솔직히 고백할까 잠시 고민했지만 분위기를 보고 그대로 접었다. 아내는 잠시 투덜대다 말았다. 좀 전에 아들에게 조언했던 내가 부끄러웠다. 아들보다 내가 문제였다. 서둘러 씻으러 화장실에 들어갔다.

다 씻고 나오니 아내 얼굴이 또다시 구겨져 있었다. 손에는 얼룩진 수건을 들고 있었다. 앗! 아까 아내가 집에 오기 전에 아들이 초코 시리얼을 우유에 섞어 먹다 쏟아서 내가 급하게 치우느라 옆에 있는 수건으로 닦고 말았던, 그 수건이었다. 아내에게 자초지종을 설명한 후 아침에 손빨래를 하겠다고 말하고 진정시켰다. 거실에 잠시 앉아 있는데, 아들이 안방에 다녀오더니 나를 자기 방으로 살며시 불렀다.

"아빠, 엄마가 숙제 다 하고 쉬면서 뭐 할 거냐고 물었는데 게임 안 하고 책 본다고 말했어. 잘했지?"

아고, 예쁜 것. 엄마 표정이 환해져서 좋았다고 미소 짓는데, 아들의 눈에서 별이 반짝반짝 빛났다. 나도 잘했다고 머리를 연신 쓰다듬어 주었다. 안 듣는 척해도 생각했나보다. 나보다 훨씬 나은 대견한 아들과 함께 꿈나라로 향했다

다음날 아침, 아내는 한결 편해진 표정으로 어제 짜증내서 미안하다고 말했다. 몸이 힘들고 마음이 예민한 시기가 찾아왔고, 최근에 일도 늘어 체력적으로도 많이 지쳤다고 했다. 더군다나 나도 교육 때문에 계속 집을 비웠으니 아내 혼자 아이 돌보고, 일하고, 살림하느라 무척 힘들었을 것이다.

사실, 그 모든 것을 떠나 나야말로 어제 내내 배려 없는 행동을 했다. 나름 신경 쓴다 해도, 몸에 밴 습관들은 잘 고쳐지지 않는다. 양말 벗어놓은 것만으로도 싸운다는 말이 결혼하니 실감 났다. 긴장을 풀면 금세 예전의 생활방식으로 돌아간다. 정신 줄을 놓지 말자.

결혼하고 살면서 한쪽 데시벨이 올라갈 땐 다른 쪽이 데시벨을 살짝 낮추면 알맞은 소리가 난다는 것을 배웠다. 이런 단순한 세상의 이치를 깨닫는 데도 한참의 시간이 필요했다. 물론 지금도 종종 데시벨을 같이 올려 쨍그랑 듣기 싫은 소리가 나긴 하지만, 아마도 평생 이러고 살지 않을까 싶다. 그래도 그 사실을 알고 인정하고, 조금씩 간격을 좁혀가고 있음에 감사한다.

문득, 결혼이란 데시벨이 다른 서로가 만나 열심히 맞춰가는 과정 같다는 생각이 든다. 물론 데시벨이 올라갈 행동을 하지 말아야 되는 것이 먼저지만.

나이 마흔이 넘어 이제야 깨달았네.

맞벌이 부부의 삶

우리는 맞벌이 부부다. 각자 아이를 담당하는 요일이 있다. 아내는 월, 화, 목. 나는 수, 토. 그리고 금, 일요일은 공동이다.

아내는 프리랜서로 놀이치료를 하고 있다. 그래서 수요일을 제외한 평일에는 시간을 조율해서 아이들을 챙길 수 있다. 그런데 놀이치료는 토요일이 가장 바쁘다. 아침 8시에 출근해서 집에 오면 저녁 6시가 넘는다. 그럼 그 시간 동안엔 온전히 나의 몫이 된다. 벌써 이런 생활이 7년이 넘어간다.

처음에는 참 많이 힘들었다. 나는 나름 가부장적인 집안의 막내이자 장남이었다. 어릴 적에 어머니는 내가 부엌 근처라도 갈라치면 남자는 이런 곳에 오는 거 아니라며 성을 내셨다. 그러니 결혼할 때까지 라면 정도만 간신히 끓일 줄 알았고, 청소와 빨래는 남의 나라 일이었다. 결혼 이후로 그나마 빨래와 청소 실력이 늘었다.

5살 된 첫아이와 이제 막 돌이 지난 막내랑 덩그러니 남겨졌을 때 가장 큰 문제는 먹는 것이었다. 매번 외식할 수도 없고, 집에 있는 반찬으로 버티는 것도 한계가 있었다. 그래서 레시피를 보면서 조금씩 연습했고, 지금은 간단한 국 정도는 끓일 수 있다. 가끔 주변 사람들과 농담할 때 결혼해서 그나마 사람 형태를 갖추었다는 이야기를 하곤 한다. 우리 아이는 어릴 때부터 사람답게 만들어볼 생각이다.

하필 그 시절, 주말에 출근해야 할 일이 자주 생겼다. 할 수 없이 유모차를 챙겨서 카시트에 둘째를 앉혀 함께 출근했다. 유모차에서 간신히 둘째를 재우면 그때부터 일을 시작할 수 있었다. 가끔 같이 출근한 여자 계장님께서 똥 기저귀도 갈아주시고, 애들 간식도 챙겨주셔서 참 고마웠다.

경조사도 문제였다. 사회생활하는데 안 갈 수도 없고, 아이 둘을 데리고 가면 간신히 얼굴만 비추고 밥만 먹고 오는 것이 다였다. 서른 넘어서부터 취미 붙였던 등산은 결국 아이들이 더 클 때까지 포기할 수밖에 없었다.

아내는 어떠한가. 결혼 전에 잘 다니던 정규직 상담 센터는 첫째를 낳고 퇴사했다. 회사는 아이를 좀 더 키우고 싶은 상황을 기다려주지 않았다. 하던 공부도 중도에 포기했다. 여유가 없었다. 지금도 토요일에는 식사도 제대로 못하고 8~9개 케이스의 놀이치료를 하고 있다. 집에 올 때면 물에 젖은 빨래처럼 축 처져 있다. 불규칙한 식사 때문에 만성 위염도 앓고 있다.

어느새 아내는 직장인, 엄마, 아내의 역할을 모두 해내는 슈퍼맘이 되었다. 둘째가 초등학교에 입학하면 놀이치료 일을 조금 줄이려고 했지만, 늘어나는 학원비를 감당할 수 없어서 오히려 일을 늘리고 말았다. 요즘도 가끔 일을 그만두고 아이들한테만 집중하고 싶다고 말하지만, 외벌이로는 도저히 감당할 수 없는 현실이기에 넋두리로만 남는다. 그 말을 들을 때면 마음이 천근만근 무겁다. 주머니 속이 뻔히 보이는 평범한 회사원이 무슨 말을 할 수 있으랴.

우리는 무엇을 위해서 이 삶을 선택한 것일까. 진정 우리를 위해서는 아닐 것이다. 결국 아이들을 위해서다. 하나라도 좋은 것을 주기 위해 오늘도 고된 하루를 살아간다. 정부에서는 출산율을 걱정하지만, 아이를 낳고 키우기가 이렇게 힘든데 그럼 팍팍 도와주든가. 요즘 젊은 사람들이 결혼도 하지 않고, 결혼해도 아이를 낳지 않는 상황을 누가 뭐라고 할 수 있을까.

그래도 위안이 되는 건 아이들이 밝고 건강하게 커준 것이다. 주말에 엄마 없이 부족한 아빠 옆에서 불평 않고 잘 지내주었다. 그리고 내가 그토록 열망했던 대로 아이들과의 추억을 원 없이 가질 수 있어서 감사하다. 아마도 우리는 당분간 이 길을 계속 걸어갈 것이다. 아직은 그 끝이 보이지 않는다. 그래도 우리 아이들을 위해서 열심히 나아갈 것이다.

그리고 나중에 여유가 생기면 아내가 계속 공부할 수 있도록 돕고 싶다. 나도 지금 마음속에만 품고 있는 꿈을 놓치고 싶지 않다.

천천히 걸어가련다. 언젠간 만날 이 길의 끝을 위해.

초등학생 아들의
책을 읽는 아내

출근길에 문 앞에 놓인 택배를 발견했다. 만져보니 책인 듯싶다. 요즘 수시로 책이 배달된다. 아내가 책을 읽기 시작했다. 《사씨남정기》부터 《페스트》, 《동물 농장》을 지나 지금은 《창가의 토토》를 읽고 있다. 워낙 유명한 책이라 읽는다는 게 이상할 것은 없다. 하지만 놀라운 건 아내가 원래 독서에 큰 취미가 있는 사람이 아니었다는 점이다. 아내는 TV 보는 것을 무척 좋아해서 틈나면 주로 〈런닝맨〉류의 예능 프로그램을 보며 시간을 보냈다.

그런데 얼마 전부터 손에서 책을 놓지 않는다. 나야 아내의 책을 좋아하는 모습이 그저 반갑고, 고마울 따름이다. 최근에 충격적인 이야기도 들었다. 아내가 아들 학부형 몇 명과 독서모임을 시작했다는 것이다. 내가 독서모임에 참여하는 것도 탐탁지 않아 했던 아내가 웬일인가 싶었다. 더 큰 반전은 뒤에 있었다. 독서모임에서 아들이 읽어야 할 책을 미리 읽고 이야깃거리를 찾는다는 것이다. 이런 맹모삼천지교보다 더 대단한 엄마들 같으니라고.

아들은 꼼짝없이 책을 읽고 있다. 하긴, 엄마와 책에 대해 토론해야 하고 독후감도 써야 하니 읽을 수밖에. 집안 분위기도 바뀌었다. 시간 나면 책을 읽는 것이 일상이 되었다. 심지어 아내는 좋아하는 예능 시청을 끊고 책과 관련된 프로그램을 아이들과 보기 시작했다.

이 안에도 아내의 치밀한 전략이 숨어 있었다. 프로그램에 맞추어 책을 선정한 후 아들이 흥미를 갖도록 유도하는 것이다. 아들은 그것도 모른 채 책에 빠져들었다. 책을 읽다 프로그램에서 나왔던 내용을 반가워하며 엄마에게 이야기하곤 했다. 아내의 입가엔 미소가 돌았다.

마흔 넘어 본격적으로 독서를 시작한 아내는 그 참맛을 알기 시작했다. 나에게 감동적인 구절도 이야기해주고, 읽고 좋았던 책은 적극적으로 권하기도 한다. 그 시작이 어떻든 지금은 스스로가 독서의 재미를 느끼고 있다. 덕분에 아이들도 함께 책을 읽으니 그저 고마울 따름이다.

결국 아내의 독서는 사랑의 또 다른 이름이다. 아이를

향한 아내의 정성이 책을 통해 전달되었다. 앞으론 문앞에 배달된 책을 발견하면 지나치지 말고 책상 위에 고이 두어야겠다. 그건 아내에 대한, 그리고 아들에 대한 내 마음이다.

이제는 아내의 친절도 두렵다

아내가 나를 보며 미소 짓는다. 이런 분위기, 생소하다. 목소리는 기분 좋은 듯 한 톤이 올라갔다. 왜 그러지? 심지어 폭 안아준다. 무섭다.

불과 얼마 전이었다. 우리는 세 차례나 세게 부딪혔다. 결혼 13년차, 그간 하늘의 별만큼이나 싸웠지만 이 정도였을까. 마지막에는 서로 언성을 높이느라 시간 가는 줄도 몰랐다. 밖으로 나가 보니 새벽 2시가 넘었다. 그사이 둘째는 첫째 방에서 잠이 들었다.

나는 갈등이 싫었다. 아니, 갈등 기간 동안의 냉전이 싫었다. 그래서 마음속 앙금이 완전히 풀리지도 않았으면서 먼저 미안하다 말하곤 했었다. 영혼이 없는 사과였다. 아내도 알고 있었겠지. 우리는 그렇게 매번 아무 일도 없었던 것처럼 일상으로 돌아가곤 했다. 그게 쌓이고, 곪았고, 결국 터졌다.

이제 나는 물러서지 않았다. 내 안에 쌓인 불만을 여과 없이 쏟아냈다. 그 날카로운 화살은 아내의 곳곳에 박혔다. 함께 생활한 지 10년이 넘은 처남에 대한 불편함이 그 시작이었다. 그 불편함이 이사를 가도 여전히 처가 근처에 있으려는 아내에 대한 미움으로 번졌다. 나보곤 부모님으로부터 독립하라고 해놓고, 당신은 여전히 원가족에 머무르려 하냐고 따져 물었다.

그러다 툭 하고 마음 한구석에 숨겨 놓았던 감정 하나가 튀어나왔다. 나보다 처남에게 더 친절한, 나보다 다른 사람을 더 먼저 생각하는 아내를 견딜 수가 없었다. 나의 분노 이면에는 아내에 대한 애정의 갈구가 있었다. 나는 이 마음을 고스란히 아내에게 전했다. 맙소사. 마흔이 넘은 나이에 이 무슨 추태란 말인가. 아내의 얼굴이 붉게 물들었다. 당황한 아내를 그대로 두고, 급히 방을 나왔다. 그 뒤로 아내 얼굴을 바라볼 수 없었다. 나 자신이 부끄러웠다. 아내에게서 찬바람이 쌩쌩 불었다. 그럼 그렇지.

그렇게 또 며칠이 지났다. 냉랭함이 온 집안에 가득하던 때, 둘이 선풍기를 닦다 눈이 마주쳤다. 피식하며 아내가 웃었다. 나도 따라 웃었다. 둘 사이의 차가운 얼음이 순식간에

녹았다. 그때부터였다. 아내의 변화가 감지되었다. 우리가 처음 만났을 때와 같은 미소를 보였다. 말투는 바닐라 아이스크림처럼 부드러웠고 내가 팔을 벌리면 꼭 안아주었다.

 왜 이래 당신, 그냥 하던 대로 하라고. 그런데 뭐지? 쿵쾅거리는 그 무언가는. 길 가다 슬쩍 웃음 짓는 것은 또 뭐고. 자꾸 보고 싶고, 말하고 싶은 것은 어떡하지.

 내 안에 싹트는 이상한 감정이 이해되지 않았다. 내가 말한 것을 아내는 소화한 것일까. 의도적으로 노력하는 것일까. 나이 마흔이 훌쩍 넘어 맞이한 아내의 변화에 어리둥절 중이다.

 한편으로 이런 생각이 들었다. 나는 아내의 사소한 말 한마디에도 살랑대는 그런 사람이었구나.

타인과 산다는 것은

전날 물을 많이 먹고 자서일까. 이른 아침부터 화장실을 찾았다. 볼일을 보고 나오는데, 눈앞에 정체불명의 물체 때문에 화들짝 놀랐다. 자세히 보니 아내였다. 아직 아침 8시도 안된 시간이었다. 이 시각에 아내를 만나기란 사막에 눈이 내리는 일보다 어려운 거다. 아내와 화장실을 교대하고 출근 준비를 서둘렀다.

벌써 13년이 흘렀다. 피가 섞이지 않은 타인과 이 긴 세월을 함께했다. 무슨 배짱으로 이런 엄청난 일을 벌였을까. 단지 지지고 볶았다는 표현만으로는 부족한, 믿을 수 없는 시간이었다. 내가 겁 없이 이 길로 들어선 이유는 무엇일까?

"오빠, 지금 올래?"

정확히 13년 하고도 6개월 전이었다. 야심한 시각, 방에서 전화기를 붙들고 그녀와 간드러진 속삭임을 이어가는 중이었다. 처음엔 농담으로 다가왔던 한마디에 어느새 청바지와 티셔츠를 갈아입었다. 미친 사람처럼 칠흑 같은 밤을 가로질렀다. 그대로 택시를 타고 그녀 집 앞으로 갔다. 자주 가던 포차에 나란히 앉아 붉게 물든 그녀의 뺨을 쳐다보며 직감했다. 아, 이 사람이랑 결혼하겠구나.

꿈같은 신혼여행을 마치고 신혼집에서 첫날, 그녀는 엄마가 보고 싶다고 엉엉 울었다. 환상의 문을 열고 이제 막 현실로 나왔다. 아침에 눈을 뜨면 낯선 살갗이 내 몸에 닿는 어색함에 결혼을 실감했다. 이제 우리에게 안타까운 이별은 더는 없었다. 공간은 익숙함이란 단어로 채워나갔다. 마음만 먹으면 어디든 떠날 수 있었다. 그녀가 임신하기 전 6개월의 시간에 우리는 다시는 돌아오지 않을 오롯이 둘만의 시간을 보냈다.

첫아이가 태어났다. 부부였던 우리는 엄마, 아빠란 이름으로 재정립되었다. 아이의 얼굴을 처음 보고 울컥했던 것도 잠시였다. 현실을 따라 전장으로 들어갔다. 아이의 똥 기저귀, 잠투정, 목욕과 사투를 벌이며 서로에게 전우애가 싹텄다. 어느새 그녀는 단단한 엄마가 되었다. 시원한 맥주 한잔을 즐겼던 싱그러운 모습은 사라지고, 아이를 품에 안고 험난한 정글을 헤쳐 나가는 전사의 모습이 남았다.

그리고 몇 년 뒤 둘째 아이가 태어났다. 이미 한 번 전쟁을 치른 뒤라 훨씬 수월했다. 그 시기에 일이 바빠졌다. 그녀는 정규직을 버리고 아이를 돌볼 수 있는 프리랜서가 되었다. 본격적인 슈퍼맘의 길로 들어섰다. 그때부터 협업에 균열이 생겼다. 집안일로 수시로 부딪혔다. 한 번 냉랭한 기운은 풀릴 기미가 여간해서는 보이지 않았다.

"권태기인가 봐. 오빠 얼굴만 봐도 짜증이 치밀어."

식사 중에 무심히 던진 한마디가 깊은 파장을 만들었다. 밥 알갱이가 나무껍질처럼 딱딱했다. 한동안 우리는 완벽한 타인이었다. 최소한의 접촉으로 일정한 거리를 유지했다. 그녀는 주말에 일했다. 주중엔 그녀가, 주말엔 내가 아이를 돌보았다. 살면서 그토록 바쁜 시기가 있었을까. 다행히 아이들은 별 탈 없이 쑥쑥 자랐다. 아이들이 자란 키만큼 점점 여유도 찾아왔다.

우리의 관계는 새로운 국면에 접어들었다. 나는 더는 다용도실 슬리퍼를 멀리 벗어두지 않았고, 화장실 휴지를 다 쓰면 갈아 놓기도 한다. 그녀는 연락을 안 받아 애태우는 일이 줄었고, 되도록 정리하려 애쓴다. 서로가 싫어하는 것을 알고 조심한다. 그래도 여전히 좁혀지지 않는 것도 존재한다. 사소한 말 한마디로 생채기를 남긴다. 후회하고, 용서하고, 넘어간다. 이제는 그녀가 없는 공간은 상상할 수 없다. 가족보다 진한 타인이다.

    하루 연가를 냈다. 증명서 발급을 위해 그녀와 동사무소를 나섰다. 살며시 손을 잡았다. 그녀는 "왜 이래?" 하며 손을 빼려 했지만, 끝내 놓지 않았다. 가을바람이 질투하듯 머리를 흩트렸다. 손에 조금씩 땀이 찼다. 불편함을 느꼈지만, 간직하고 걸었다. 마치 우리 관계처럼.

막내 남편, 첫째 아내

아내에게 매력을 느낀 것은 화려한 모습 때문이라 생각했다. get mountian, huma를 거리낌 없이 입고 다녔던 나와 달리 대학원 후배였던 아내는 늘 짧은 미니스커트에 한여름의 뜨거운 햇살 같은 미소를 지녔었다. 함께 있으면 그 기운이 전해져 마음이 두 톤은 밝아졌다. 그녀와 연인이 된 후, 불나방처럼 환한 불빛에 빠져들었다. 그 끝은 결혼이었다.

"신재호, 똑바로 안 할래. 플라스틱은 분명 이쪽이라고 했는데, 스티로폼에다 넣으면 어떡해. 하여튼 간에 쯧쯧쯧."

신재호? 내가 자기보다 세 살이나 많은 오빠인데, 어디서 반말이야. 저 아래서 무언가가 울컥 치밀어 올랐다.

"오빠한테 신재호가 뭐야? 혼나 볼래?"

"오빠는 개뿔. 차라리 아들 하나 더 키우는 게 낫지."

지은 죄가 있으니 더는 말도 못 하고 슬금슬금 방으로 향했다. 아, 가련한 인생이여. 결혼 전 30년간 나름 귀여움 많이 받은 막내아들로 살았는데, 이런 구박데기로 전락하다니. 삶은 집 앞 문방구 뽑기처럼 예측할 수가 없구나.

슬픔은 그리 오래가지 않았다. 하긴 혼나도 싸지. 분리수거도 하나 똑바로 못하는 팔푼이인걸. 이럴 줄 알았으면 이것저것 배워둘걸. 어머니와 누님들의 비호 아래 그저 말만 잘 듣는 순둥이 아들이자 동생 역할만 했다. 그나마 결혼해서 아이가 태어나고 주말에 일하는 아내 덕에 밥, 빨래, 청소의 초급 단계를 겨우 지났다.

그에 반해 아내는 뭐든지 척척이었다. 화려함 뒤에 숨겨진 장녀 DNA가 가득했다. 집안의 대소사에 목소리를 높였고, 일하는 장모님을 대신해서 처남도 살뜰하게 챙기며 엄마 역할을 다했다. 여행도 좋아하고, 잘 노는 모습에 걱정했었는데, 결혼해서는 착실한 아내를 거쳐서 태어날 때부터 엄마였던 것처럼 아이들을 빈틈없이 돌보았다.

새로운 가설이 떠올랐다. 아내에게 끌렸던 것은 화려한 겉모습이 아닌 잘 챙겨주는 것 때문이었을까. 생각해보면 연애 때부터 아내에게서 어머니 냄새가 났다. 결국 우리의 결혼은 같은 동네에 살았던 근접성, 전공이 같은 유사성에 이런 관계의 역동이 어우러진 총체적 결과물이었다.

크리스마스이브 저녁, 아이들을 재운 뒤 산타 선물까지 챙기고 나서야 지친 몸을 푹신한 이불 속에 넣을 수 있었다. 눈이 감길락말락 한 아내를 그윽하게 바라보았다.

"여보, 나랑 결혼한 가장 큰 이유는 뭐야?"

"피곤해 죽겠는데 뭐래. 쓸데없는 소리 말고 자."

"그래도 하나만 이야기해봐."

"착한 줄 알고 결혼했는데, 완전 속았어. 그때 잘해준 재호는 어디 간 거야."

휙 하고 돌아선 아내를 뒤에서 슬며시 안았다. 잔뜩 몸을 털더니 이내 잠잠해졌다. 머리카락 사이로 삐죽이 나온 흰머리가 유난히도 하얗게 보여 안쓰러운 마음에 괜스레 한번 쓰다듬었다. 이럴 땐 세상 큰오빠가 된 것 같았다. 이내 새근새근 숨소리가 들렸다.

겉모습이었든, 성격이었든, 역동이었든지 간에 부부가 되었고, 강산이 변하도록 함께했다. 우리의 관계는 남편, 아내, 아빠, 엄마, 아들, 딸 등 상황에 따라 수시로 변했다. 그 시간을 어찌 글로 다 담을 수 있을까. 팽팽했던 피부는 어느새 금이 가기 시작했고, 짙은 머리카락도 조금씩 그 빛깔을 잃어간다. 처음엔 장밋빛 미래를 꿈꾸었다면 지금은 노을빛 종착역을 그렸다.

이 사람과 함께여서 늙어간다는 것이 그리 슬프지 않다. 중년을 지나 노년으로 가는 길목에서도 이렇게 투닥거리며 하루하루를 열심히 살아낼 것이다. 나도 그때쯤에는 아내에게 듬직한 오빠가 되지 않을까. 그런 희망을 품고 꿈나라로 향한다.

돌아누워도 우리는 부부다

 거대한 산맥이 우리 사이를 가로막았다. 닿을 수 없는 애타는 마음은 메아리처럼 하얗게 흩어졌다.

 눈을 떴다. 꿈을 꾸었구나. 로키산맥처럼 높이 솟은 산맥은 잿빛 오리털 이불이었다. 아내는 저 너머에 돌아누워 깊은 잠에 빠져 있었다. 시커먼 뒤통수와 거친 숨소리만 느껴질 뿐이었다. 발뒤꿈치를 들고 길고양이처럼 흔적도 없이 공간을 벗어났다.

 13년 만이었다. 긴 세월 돌고 돌아 우리는 다시 한 침대에 누웠다. 어떤 기대였을까. 나란히 누워 도란도란 이야기도 나누고, 슬쩍 손을 잡거나 서로의 숨소리를 느끼며 폭 안고 자는 이런 것. 현실은 이불 산맥을 사이에 두고 나는 창가 쪽

흰 벽을, 아내는 화장실 누런 문을 바라보며 잠이 든다.

어쩌면 예정된 일이었는지도 모른다. 아내는 잘 때 몸이 닿는 것을 극도로 꺼린다. 신혼 때 팔베개라도 할라치면 불편하다며 털어냈다. 돌아누운 채 그나마 엉덩이를 붙이고 잤다. 서로를 위한 최소한의 배려였다. 처가살이 후 아들과 둘이 자게 되면서 그간 못 해본 팔베개며 꼭 안고 자는 한을 풀었다. 아들은 내 품에 안겨 머리를 쓰다듬어 주면 금세 새근새근 숨소리를 내었다. 그럴 때면 마치 내가 거대한 우주가 된 것 같은 착각이 들었다. 가끔 내 배를 베고 자는 바람에 가위에 눌리는 부작용도 있었지만.

하긴, 아내와 나는 잠에 있어서는 너무 다르다. 침대에 눕는 순간, 아니 머리가 바닥에 닿는 순간 잠이 드는 나와 달리 아내는 긴 시간이 필요하다. 그래서 아내가 잠드는 모습을 본 적이 없다. 반대로 새벽이면 저절로 눈을 뜨는 나와 달리 아내는 아침잠이 많다. 프리랜서란 직업 특성상 일찍 일어날 이유도 없었다. 반대로 아내는 내가 깨는 모습을 본 적이 없다. 함께 잠들 수 없으니 그런 로맨틱한 상황은 꿈도 못 꿀 일이다. 밤이 없는 나와 아침이 없는 아내의 운명 같다.

며칠 전 아내는 자다가 핸드폰이 잘못 울려 겁이 났다고 했다. 그래서 옆에서 자던 내 팔을 꽉 붙잡았는데, 깨지 않고 쿨쿨 잠만 자더라며 눈을 흘겼다. 나도 모르게 '아까비'란 고전 용어가 튀어나왔다. 그럴 때 꼭 안고 무서움을 덜어주었어야 했는데. 역시 나는 타이밍에 젬병이다.

 그래도 고마운 건 코를 몹시 고는 나를 핑계로 둘째 아이 방에서 잘 만도 한데, 꼭 돌아와 옆에서 함께 잔다는 것이다. 그것만으로도 어딘가. 돌아눕건, 바로 눕건, 뒤집어 눕건 간에 한 공간에 있는 것만으로도 감사한 일이다.

 부부의 연을 맺고도 여러 상황으로 인해 견우와 직녀처럼 살았다. 지금은 비록 돌아누웠지만, 언젠가 서로의 눈을 바라보며 잠들 날을 꿈꿔본다.

이케아 한가운데서 만난 낯선 그녀

 나를 돌아보는 그녀의 얼굴에는 봄 햇살이 가득했다. 벌써 두 시간째. 나는 그녀의 손에 이끌린 채 침대, 식탁, 책장 속을 열심히 헤엄치고 있었다.

 이사 날짜는 10월 중순으로 잡혔다. 아직 두 달여의 시간이 남았지만, 아내 마음은 몹시 분주했다. 새로 이사 갈 집을 어떻게 꾸밀지 내내 고민했다. 자연스레 우리의 대화 주제는 아이들에서 이사로 옮겨갔다. 아내는 이번 참에 모든 걸 새롭게 바꾸고 싶어 했다. 화이트 톤의 근사한 외관과 요즘 추세를 반영한 단순하면서도 고급스러운 내관을 추구했다. 물론 채워질 물건들도 새것이어야 했다.

 사실 이사 갈 집을 처음 보고 크게 수리할 것은 없겠다 싶었다. 10여 년이 다 된 아파트이긴 해도 워낙 깨끗하게 잘 써서 도배, 장판 정도만 교체하면 되지 않을까 싶었다. 슬쩍 아내에게 이야기를 꺼냈다가 냉랭한 기운을 감지하고는 멈췄다. 이미 아내의 머릿속은 모든 결정이 끝난 후였다.

이제 막 결혼을 앞두었을 때 아내의 모습이 떠올랐다. 당시 우리는 두 가지 선택 앞에 놓였었다. 수도권의 투자 가치가 있는 조그마한 자가 빌라, 외곽의 기본 평수의 전세였다. 아내는 처음에는 후자를 선택했다가 처가댁의 조언을 받고 전자로 바뀌었다. 집을 처음 보았을 때 티는 내지 않았지만 실망한 모습이 느껴졌다. 그 마음을 보상이라도 하듯 가구와 가전제품 선택에 열을 올렸다. 주말이면 아내 손에 이끌려 열심히 백화점을 돌아다녔다.

"자기야, 이 침대 너무 고급지지 않아? 디자인도 고풍스럽고, 정말 푹신하다. 그지?"

"응… 좋네. 그런데 너무 크지 않을까?"

"와, TV 멋지다. 화질 봐. 김수현 얼굴에 있는 점까지 보여."

"응… 그러네. 근데 너무 크지 않나?"

결국 아내의 뜻대로 샀다. 물건이 도착했을 때 통과하기엔 너무 큰 침대로 인하여 문 분리 작업을 별도로 해야 했다. 침대와 화장대가 놓인 후 감탄했다. 어디 근사한 호텔방에 와 있는 착각이 들었다. 물론 비좁은 방에 욱여넣느라 문이 잘 닫히지 않는 부작용을 겪긴 했지만. 거실이라고 하기에도 민망한 통로 수준에 놓인 거대한 TV 덕에 우리는 영화관 맨 앞자리에 앉은 것 같은 어지럼증에 시달렸다. 가끔 공포 영화를 보기라도 할 땐 바로 눈앞에 있는 듯한 생생함에 오금이 저렸었다. 에어컨은 켜면 잠시 후 집 안을 시베리아로 만들었다. 공간과 비교하면 턱없이 고급스러운 물건들로 인해 집은 모순적이었다. 처음 집에 놀러 온 지인의 얼굴에는 한결같이 의아함이 묻어 나왔다.

정확히 2년 뒤에 우리는 처가살이를 시작했다. 넓은 평수의 처가댁에 와서야 물건들이 제자리를 찾았다. 거실에 놓인 대형 TV는 고향에 온 듯 딱 맞춤으로 적당한 거리에서 가족 모두를 기쁘게 만들었고, 에어컨은 쾌적한 환경을 제공했다. 이탈리아풍의 침대는 안방에서 고급스러움을 더했다. 아내의 탁월한 선택 덕분인지 12년이 지났지만 파손이나 고장 없이 지금까지도 잘 쓰고 있다. (아, 대형 TV는 수명을 다했다.)

그간 처가살이를 하면서 우리 물건을 제대로 사본 적이 없었다. 주로 어른들의 취향에 맞추어야 했다. 아내는 옆에서 그 긴 세월을 꾹꾹 참았다. 이사가 결정되는 날, 그녀는 요술램프에서 해방된 지니처럼 맘껏 날아올랐다. 나도 옆에서 마법 양탄자를 타고 뒤꽁무니를 열심히 쫓았다.

　　표현은 못 했지만 이 순간이 참 좋다. 비록 나란 인간이 구매 DNA가 부족해서 어떤 물건이 좋은지 잘 모르지만, 그저 고개를 끄덕이며 한두 마디 말만 해도 아이처럼 생긋 웃는 아내 얼굴을 볼 수 있으니. 그리고 자꾸 보다 보니 나 역시도 취향이라는 것이 조금 생기는 듯하다. 전반적인 침대 톤은 밝았으면 좋겠고, 주방도 깔끔하니 수납이 많았으면 하는 의견도 제시했다. 평소 쇼핑을 1시간만 해도 유체 이탈 상태가 되는데 2시간이 훌쩍 넘어도 즐겁게 돌아다니는 것을 보니 신기할 따름이다. 쇼핑을 마치고 집으로 돌아오는 길에 옆에서 아내가 말을 꺼냈다.

　　"쏙 맘에 드는 것이 없네. 동네에 한샘 매장 있으니깐 가보면 어떨까? 거기가 부엌 인테리어랑 가구는 좋으니까."

　　이미 몸은 녹초가 되었지만 흥을 깰 수는 없었다. 아이들은 다리가 아프다고 성화였지만 온 가족이 다시 힘을 냈다. 부엌 인테리어도 보고, 침대와 책장을 열심히 살펴보았다. 다행히 아내도 나도 맘에 드는 제품을 찾았다. 부엌 인테리어도 직원에게 직접 상담을 받았고, 기본적인 견적도 받았다. 돌아오는 길에 몸은 힘들었지만 마음만은 편했다.

　　다음 날 아침, 아내 눈이 시뻘겋다. 이유를 물어보니 뒷베란다에 세탁기와 건조기를 놓기로 했는데, 공간이 좁을 것 같아 걱정되어 잠을 설쳤다는 것이다. 둘이서 이런저런 방법을 찾아보다 포기했다. 결국 실내장식 업자의 몫으로 돌리기로 했다. 나는 아내에게 물었다.

"여보, 피곤하겠네."

"응, 어제 한숨도 못 잤어."

"그래도 기분은 좋아 보이네."

"응, 재밌어. 행복한 고민이랄까."

그… 그래, 당신만 행복하다면야. 앞으로 두 달 동안 매주 얼마나 많은 곳을 보러 다닐까. 아예 이참에 인테리어에 취미라도 붙여야 하나. 아내는 핸드폰 안으로 들어갈 듯 이것저것을 살펴보며 나에게 물었다.

"오빠, 이 분위기 어때? 색감은 좋은데, 전체적으로 조금 어둡지 않아?"

"그러네. 좀 더 밝은 색깔은 없어? 다른 색깔도 찾아봐서 보여줘 봐."

아내는 얼른 몸을 돌려 다시 핸드폰 속으로 사라졌다. 얼굴엔 가느다란 미소를 가득 품은 채로.

급할 땐 빨간 스위치를 켜라

 딸아이를 보면 절로 미소가 돈다. 어쩜 그리 사람 마음을 잘 알고 챙길까. 마음속에 커다란 온풍기가 들어 있다. 저녁 먹고 아이들과 보드게임을 했다. 첫째와 이게 맞니, 저게 맞니 옥신각신하다 넘어져 얼굴을 살짝 벽에 부딪혔다. 다시 게임에 열중하느라 넘어진 줄도 모르고 있었다. 그때 어디선가 손 하나가 쓱 나타나더니 내 얼굴을 어루만지는 것이 아닌가. 둘째였다. 얼굴을 잔뜩 찌푸린 채 물었다.

"아빠, 괜찮아?"

 아이고, 예쁜 것. 나와 첫째는 게임하느라 정신없었는데, 둘째가 넘어졌어도 그렇게 행동했을까. 아마 아닐 것이다. 게임을 하면서도 주변을 살피는 모습이 대견했다. 말은 또 얼마나 예쁘게 하는지. 상대방이 말하고 있으면 천천히 듣고 있다가 적절한 말을 건넨다. 중간에 무 토막 내듯 끊는 일도 없다. 무엇보다 사람의 좋은 점을 관찰하여 칭찬한다. 관심의 초점이 언제나 내가 아닌 상대방에게 있다. 한마디로 '공감 능력'이 무척 뛰어나다. 그 능력이 정말 부럽다. 한동안 아내가 나와 대화하길 피했다. 이유를 물어보니,

"오빠는 오빠 말만 하잖아."

그 말을 듣고 쥐구멍을 찾아 들어가고 싶었다. 얼굴이 화끈거렸다. 하긴, 만나면 내 이야기하기 바빴다. 특히 회사 이야기가 대부분이었다. 아내 입장에서는 하나도 모르는 이야기였으니 얼마나 짜증났을까. 그리곤 아내 말은 건성으로 들었다. 나에겐 관심 없는 이야기였으니까. 상대방 말은 듣지 않고 자기 말만 하는 내가 얼마나 미웠을까. 그러니 자연스레 거리를 둘 수밖에. 나보다 백 배 나은 둘째의 모습을 보니 부끄러웠다. 부모가 자식만도 못하다니. 능력이 부족하면 노력으로 극복해야 한다. 요즘 들어 아주 조금, 손톱만큼 노력을 시작했다.

첫째, 내 말 줄이기.
둘째, 상대방 말 끝나기 전까지 절대 끊지 않기.
셋째, 상대방 말에 적절한 반응 보이기.

넷째, 내가 먼저 상대방 이야기 물어보기.

조금 노력했는데도 변화는 금방 나타났다. 아내가 나와 이야기를 다시 시작했다. 바라보는 표정도 한결 따뜻해졌다. 진작 이럴걸. 돌이켜보면 연애 시절엔 나도 참 잘 듣는 사람이었는데 왜 이리 되었을까. 세월에 핑계 대기엔 치졸했다. 관심의 문제였다.

지금도 방심하면 중간에 말이 불쑥 튀어나온다. 어느 순간 내 이야기만 또다시 하고 있다. 그럴 땐 재빨리 머릿속 빨간불 스위치를 켠다.

'정신 차려. 아갈머리를 확. 시선은 눈으로, 고개도 흔들어야지.'

관계가 오래되었다고, 익숙하다는 핑계로 놓치는 것이 참 많다. 아내와 연애 시절 말 한마디라도 놓칠까 봐 집중했던 그 마음의 10분의 1만 간직한다면 남은 우리의 삶은 참 행복할 것이다. 지금도 늦지 않았다. 하나씩 해보는 거다.

영화 〈툴리〉를 보고

얼마 전 영화 〈툴리〉를 보았다. 내가 좋아하는 배우인 샤를리즈 테론이 주인공이라서 기대가 되었다. 영화 보기 전 배우의 놀라운 체중 변화, 독박 육아 등 자극적인 키워드 뒤로 가슴에 울림이 있는 영화라는 문구가 내 시선을 끌었다.

영화는 육아의 민낯을 여과 없이 보여준다. 흔히들 결혼하면 당연히 아이를 낳아야 하고, 아이가 쑥쑥 자라는 모습을 보면서 보람과 행복을 느낄 거라 생각한다. 물론 틀린 말은 아니다. 하지만 이제 갓 태어난 아이가 젖을 먹고, 옹알이를 하고, 뒤집기를 하고, 서고, 걷고, 말하는 일련의 과정은 아직 부모로서 준비되지 않은 우리에게 솔직히 행복보다는 고난의 연속이다. 나 역시 그랬다.

주인공 마를로는 세 아이의 엄마이다. 똑똑하지만 아직 엄마 손이 필요한 첫째 딸, 매우 예민하여 학교나 집에서 세심한 돌봄이 필요한 둘째 아들, 그리고 이제 막 태어난 갓난쟁이까지. 이 모든 육아가 엄마 몫이다. 회사는 육아휴직 중이지만 언제 돌아갈지 기약도 없다.

남편은 지극히 평범한 남성이다. 그래도 세상 모든 남편을 일렬로 줄을 세우면 그중에 중간 이상은 갈 것 같다. 틈틈이 아내와 대화도 하고, 아이들의 간식도 챙기고, 휴일엔 함께 산책도 한다. 일상을 살펴보면 퇴근 후 집에 와서 아이들을 보고, 식사한 후 잘 때가 되면 2층 방 침대에 누워 헤드폰을 끼고 신나게 오락을 한다.

그때부터 모든 육아는 엄마의 몫이다. 보면서 속으로 정말 '간 큰 남편이다'란 생각을 했다. 얼마 전 종영된 〈아는 와이프〉란 드라마에서 남자 주인공이 아내 모르게 옷방에 게임기를 숨겨 놓고 몰래 들어가서 게임하던 모습이 오버랩되었다. 그마저도 걸려서 게임기가 욕조 속에 풍덩했는데. 아마 우리집에서 내가 그랬으면 도끼가 날아왔을 것이다. 생각만으로도 섬뜩하다.

중반 이후부터는 부자인 오빠가 야간 보모를 구해주면서 이야기가 정점으로 흐른다. 영화 보기 전, 가슴이 울린다는 문구가 그제야 이해가 되었다. 영화적 장치가 이슈가 되었지만, 그 이슈를 가지고 풀어내는 과정이 오히려 공감되었다. 감독이 말하고자 하는 메시지가 선명하다.

영화를 보면서 옛날 생각이 나서 마음이 먹먹해졌다. 첫째가 태어나서 삶에 소나기가 내렸다면, 둘째가 태어나서는 폭풍우가 몰아쳤다. 육아의 역할 분담으로 인해 많은 갈등이 촉발되었다. 나로서는 한다고 했던 것들이 상대방으로서는 턱도 없이 모자랐고, 그런 감정들이 쌓여 둘 간의 거리는 홍해 갈라지듯 멀어졌다. 돌이켜 생각해보면 아내에게 참 미안하다. 출산과 육아로 인해 다니던 직장을 그만두게 되었고, 공부를 계속하고 싶은 마음을 접었다. 지금도 아내가 가끔 "철없어서 결혼했지, 알았다면 안 했다"라는 푸념을 늘어놓을 땐, 마네킹처럼 아무 말도 못 하고 가만히 있다. 영화 끝에 젊은 보모의 멋진 꿈에 대해 회의감을 쏟아내는 주인공의 모습에서 아내의 모습이 보였다. 마치 아내가 나에게 하고 싶은 말처럼 들려 마음이 아팠다. 드라마 〈아는 와이프〉처럼 아내가 타임머신을 타고 과거로 간다면 지금도 우리가 부부일까.

이 영화를 남성들이 많이 보았으면 좋겠다. '육아'는 혼자 걸어가는 길이 아닌, 함께 가는 길이라는 것을 알아야 한다. 물론 보고 나서도 같은 잘못을 반복하는 나 같은 사람도 있지만.

네 번째,
아들 신장남 이야기

아버지의 문자에
아들도 섭섭하네

한창 바쁜 오전 시간, 쌓인 일처리로 반쯤 정신이 나갔다. 드르륵하는 핸드폰 진동 소리와 함께 아버지에게 문자가 왔다. 안부 문자려니 생각하며 넘겼다. 점심시간이 다 되어 한 몸 같은 의자와 아쉬운 이별을 하고, 잠시 산책을 나섰다. 걷기 좋은 계절이다. 가을을 좋아하는 무수한 이유 중에 높다란 하늘 아래로 불어오는 바람을 맞으며 터벅터벅 걷는 맛을 빼놓을 순 없다. 아차차! 아버지 문자를 확인해야지. 첫 문장을 읽고 그대로 다리가 땅에 굳었다.

"네가 다녀간 후 많은 생각을 했다. 노인이라 별 볼 일 없어서 그러는 모양인지 여하튼 섭섭하구나."

뭐지? 짧고 강렬한 문장에 머릿속이 까맣게 변했다. 그리곤 무수한 기억의 파편 조각을 맞추느라 애썼다.

일단, 아버지의 생신이었던 지난주 토요일을 복기했다. 코로나19로 인하여 외식하기가 조심스러워 노량진에서 회를 주문해 아버지 댁에서 생신 파티를 했다. 회는 두툼하니 맛있었다. 식사를 마친 후 오순도순 드라마를 보았다. 재밌는 장면에 간간이 웃음소리가 터져 나왔다. TV를 보는 중간에 어머니께서 홈쇼핑으로 구매한 발 마사지기를 가족 모두가 체험했다. 네모난 상자에 발을 넣으면 뜨거운 기운과 함께 몸이 마구 움직였다. 다이어트까지 된다는 소리에 딸이 관심을 보였다. 몸이 마구 흔들리는 모습에 가족 모두가 빵 터졌다. 그리곤 미리 준비한 생신 케이크에 불을 붙이고 축하 노래를 합창했다. 30분 정도 시간을 더 보내고 집으로 돌아왔다. 지극히 평범한, 아니 행복한 날 중 하나였다.

아버지를 섭섭하게 만든 순간을 떠올리기 힘들었다. 굳이 뽑으라면 최근 급속도로 살이 찐 딸에게 아버지께서 "이 녀석 살집 봐라"라며 농담을 계속하시기에 그러지 마시라고 말씀드린 정도였다. 궁금함을 넘어 답답함이 찾아왔다. 결국, 어머니께 전화를 드렸다.

어머니를 통해 그 답을 찾을 수 있었다. 우리가 다녀간 다음 날부터 아버지 안색이 안 좋으셨다고 했다. (어머니 표현으로 얼굴이 새까맣게 변했단다.) 어머니께서 이유를 물어

보니 아버지가 나에게 정치적 이슈를 물었는데 답이 없었다는 것이다. 이거였구나! 턱하고 상황 하나가 눈앞에 떨어졌다. 식사 중에 아버지께서는 그 이슈를 나에게 물었다. 물론 내가 다니는 회사와도 연관이 있었다. 또다시 '올 게 왔다'는 생각과 동시에 불편했다. 나와는 별 상관이 없다고 답했다. 그래, 나는 분명 답을 했다. 어머니는 아버지께서 내가 답을 하지 않았고, 의도적으로 무시하는 모습이 보였다고 했단다. 억울했다. 적극적인 반응을 보이지는 않았지만, 작게나마 대답은 했는데.

아버지와 나는 정치적 견해가 다르다. 대학교 무렵이었던 것으로 기억한다. 어머니께서 외출하셔서 아버지와 둘이서 식사를 했다. 그때도 아버지께서는 어떤 정치적 이야기를 했던 것으로 기억한다. 말은 화살처럼 내 가슴에 콕콕 박혔다. 참다못해 계속 반박했다. 그러기를 수차례. 그러다 한순간 마치 슬로모션처럼 밥상과 밥, 반찬이 허공으로 흩어졌다. 그 모습을 지켜보며 다짐했다. 내 다시는 아버지와 정치적 이야기를 나누지 않으리라.

그래서였을까. 아버지께서 정치적 이야기를 꺼낼라치면 의도적으로 피했다. 가끔은 아버지께 동조하려 노력했지만, 몸이 먼저 반응했다. 온몸에 두드러기가 난 듯 간지러웠다. 역시 안 되는구나.

아버지가 어떤 마음인 줄도 충분히 알겠다. 그게 뭐 어려운 거라고 '맞아요'란 한마디가 그리 어려울까. 한편으론 그 오랜 시간 동안 동의를 강요하는 아버지께 나 역시도 서운한 마음이 든다. 그냥 다름을 인정해 주면 될 문제 아닌가. 불편할 줄 알면서도 계속 이야기하는 이유는 무엇일까. 사실 정치에 별 관심도 없는데, 그로 인해 가족 간의 냉기류가 흐르는 상황도 싫었다.

당분간 아버지와 나 사이에는 침묵이 흐를 것이다. 그리고 시간이 조금 흐르면 아무 일 없었던 것처럼 지나가겠지. 그래도 가정의 평화를 위해서라면 다시금 노력해야 할까.

"네, 맞아요. 저도 그렇게 생각해요. 잘못되었네요."

아, 안 되겠다… 벌써 몸이 반응하네. 이런!

아버지의 카톡

얼마 전부터 아버지로부터 매일 아침에 카톡이 온다. 처음에는 살필 여유가 없었다. 대략 좋은 글귀를 보내주시는 정도로만 알았다.

회사 점심때가 되어서야 보낸 카톡을 열어보았다. '오늘의 좋은 글'이라는 제목이 보였다. 눌러보니 앱을 설치해야 했다. 모든 준비를 마친 후 밀린 글을 읽어보았다. 그 안에는 좋은 내용이 담겨 있었다. 살아가면서 지치고 힘들 때 받는 위로, 사랑하는 사람에 대한 따뜻한 마음, 어떻게 살아야 할지 등 짧은 글귀 안에 생각할 것이 참 많았다.

아버지도 지인에게 받은 내용을 전달하는 것 같다. 그런데도 그 안에 담긴 아버지의 사랑을 느낄 수 있었다. 매일 글귀를 보내면서 아버지는 내가 잘 살길 바라는 마음이지 않을까. 인생 선배로서 사는 게 만만치 않다는 걸 잘 아셨을 것이다. 그저 출근길에 짧은 글로라도 위로받았으면 하는 마음이셨으리라. 그때부터 보내주신 글귀가 다르게 다가왔다.

아버지란 단어는 여러 의미로 다가온다. 어린 시절엔 오래도록 떨어져 있어 그 빈자리가 그리움으로 다가왔다. 1년에 한두 번 지방에서 일하는 아버지를 만나는 시간은 어색함이었다. 그러다 고등학교 때 본격적으로 함께 살기 시작하면서부터는 불편함이 가득했다. 그래서 적당한 선을 긋고 가까이 다가가지 못했었다.

결혼하고 아이가 태어나면서 나도 아버지가 되었다. 이렇게 아버지가 살아온 길을 따라 걸으며 조금씩 아버지가 어땠을지 이해되어 슬펐다. 멀리 떨어져 있는 시간 동안 아버지는 얼마나 외롭고 그리웠을까. 만나면 늘 과묵했던 모습은 다르게 생각하면 아버지도 어색했던 것은 아니었을까. 그러다 술을 마시면 뿜어져 나왔던 애정표현은 아버지만의 사랑하는 방식이었으리라. 그게 부담스러워 피하기만 했던 그 시절이 죄송하기만 했다. 함께 살면서부터 아버지는 오히려 더 외로웠을 것 같다. 이미 어머니 중심으로 형성된 가정의 울타리가 견고했다. 아버지가 들어올 틈이 없었다. 내가 그 아버지였으면 얼마나 좌절했을까. 그냥 묵묵히 아버지만의 방식으로 그 시절을 버티셨던 거다.

그래서 아버지의 카톡이 나에게는 사랑이다. 늘 옆에서 해주고 싶었던 말을 지금에야 한껏 하는 것 같다. 이제는 그 마음을 그대로 받고 싶다. 정성스레 "고마워요", "힘이 되었어요"라고 답도 하면서 말이다.

오늘은 어떤 글을 보내주실까 은근 기대도 된다. 아버지의 목소리로 찬찬히 그 글을 읽으며 마음에 담아 본다.

자녀들에게 줄 수 있는 최고 선물은

아버지가 자녀에게
줄 수 있는
최대의 축복은
그들의 어머니를
즉 자신의 아내를
사랑하는 것입니다

그렇다면 어머니가
자신의 자녀들에게
줄 수 있는
가장 큰 선물은

무엇이겠습니까

그 또한 역시
그들의 아버지
곧 자신의 남편을
사랑하는
것이겠지요

자녀들이 어린 시절
서로 사랑하는
부모의 사랑
속에서 받은 축복은

그들에게 어떠한
삶을 살게 할
것인가를
결정하게 한다고 합니다

결혼한 아들의 삶

며칠 전 유난히 후배 하나가 시무룩했다. 평소에 예뻐하던 후배라 맘이 쓰여서 둘이 점심을 먹자고 제안했다. 근처 돈가스 집에 가서 밥을 먹으며 이야기를 나누었다.

그 친구는 두 달 전에 결혼했다. 얼마 전까지만 해도 싱글벙글했는데, 그늘의 정체는 바로 어머니였다. 아들만 있는 후배 집과 딸만 있는 후배 아내의 집. 딱 보아도 견적이 나온다. 후배는 처가댁의 밝은 분위기가 너무 좋아서 본가에 가서도 자랑을 많이 했는데, 어느 순간 어머니의 차가운 공기를 느꼈다고 했다. 평소에는 그냥 데면데면했던 어머니가 "요즘 전화는 안 하냐", "아예 그 집 사람 되었네" 하며 서운함을 자주 표현하고, 그 영향이 아내에게까지 미친다고 했다.

최근에 후배 어머니가 아내에게 전화하셨는데, 바빠서 연락을 못 받아 나중에 연락하니 전화를 안 받으셨다고 했다. 자기 딴에는 중재한다고 "어머니가 일이 있었겠지" 했다가 불벼락이 쳤다고 한다. 이쪽 편을 들면 저쪽이 난리 나고, 저쪽 편을 들면 이쪽이 난리 나고, 중간에서 힘들어 죽겠다는 이야기를 들으니 예전의 내 모습이 떠올랐다. 일단 후배에게는 이쪽에는 이쪽 편을, 저쪽에는 저쪽 편을 들면 좋겠다는 말을 해주고 결혼하면 누구나 겪는 일이라고 안심을 시켰다. 그러자 후배가 "계장님도 그러셨어요?"라고 물었다.

나? 나야말로 결혼 초부터 갈등이 시작되었다. 독실한 불교 신자였던 어머니와 독실한 기독교 신자였던 장모님(지금은 목사님이 되셨다), 어쩌면 갈등은 이미 예고되어 있었다. 교회를 다니겠다는 약속을 하고 처가댁에 간신히 결혼 허락을 받았다. 나는 종교 문제를 너무 쉽게 생각했다. 결혼하면 다 이해하고 해결될 줄 알았다. 나의 큰 불찰이었다. 결혼 후 첫 제사에 아내는 절을 할 수 없다고 했고, 어머니는 절대 해야 한다고 했다. 중간에 낀 나는 이쪽에서 저쪽 입장을, 저쪽에서 이쪽 입장을 이해시키려 하다 결국 양쪽에서 욕만 잔뜩 얻어먹고 관계만 더욱 악화시켰다. 미리 사전에 조율하지 못하고 어물쩍 넘어가려고 했던, 모두 나의 잘못이었다.

한동안 본가에는 가지도 못하고, 집에서는 갈등의 골만

깊어졌다. 그러다 혼자 곰곰이 생각했다. 선택을 해야 했다. 아내와 어머니 중에서. 왜 결혼하면 남자에게는 '효자 DNA'가 발동되는지. 당연히 아내를 택해야 하는데, 어머니께 불효하는 마음이 자꾸 들어 괴로웠다. 결국 아내의 입장을 택했다. 그날로 집에 가서 앞으로 아내는 절을 할 수 없고, 교회도 함께 다닐 거라고 말씀을 드렸다. 당장 호적 파서 나가라는 험한 말을 듣고 집으로 왔다. 그렇게 몇 년간 갈등은 지속하였다. 점차 시간이 지나면서 이제는 어머니도 받아들이고, 아내도 나름 어머니와 잘 지내고 있다. (전적으로 내 생각이다.)

지금이야 흘러간 추억 같지만, 그때는 어디 한강이라도 가고 싶은 마음이 들기도 했다. 지금도 어머니는 서운한 일이 있으면, "나는 이미 너에 대한 마음 다 비웠다" 하시는데, 나는 속으로 '아직도 포기 안 하셨나!' 하며 놀란다.

아들은 결혼하면 남편이 된다. 그 시기가 되면 어머니한테서 독립이 필요하다. 많은 시행착오를 거치면서 뼈저리게 느꼈다. 물론 부모와 자식 간의 연을 끊으라는 것이 절대 아니다. 건강한 분리가 필요하다. 그 과정이 매끄럽고 자연스러우면 좋으련만 진통은 피할 수 없는 것 같다.

퇴근 무렵에 또 다른 후배가 시무룩했다. 그 후배는 다음 달에 결혼할 예비 신랑이다. 무슨 일이 있냐고 물어보니, 혼수 문제로 어머니가 지나가는 말로 한소리 했는데 그 이야기를 듣고 예비 신부가 노발대발했단다. 후배는 어머니의 의견을 대변하려다 더 큰 화를 불렀다고 했다. 오빠는 누구 편이냐며 결혼도 다시 생각해봐야겠다는 말에 후배도 화내면서 큰 싸움이 되었다고 했다. 오늘 다들 왜 이러는지. 퇴근 무렵이라 길게 이야기를 나누지는 못했지만 속으로 '너도 이제 시작되었구나' 하며 내일 점심을 같이하기로 했다.

    결혼 후 어머니와 아들, 시어머니와 며느리, 그로 인한 아내와 남편, 어쩌면 이 관계는 얽히고설킨 실타래 같다. 풀려고 노력하면 더 꼬이고, 그렇다고 안 풀 수도 없고. 숱한 시행착오 끝에 한 가지 깨달은 점은 아내와 있을 땐 아내의 입장을 최대한 이해하고 어머니와 있을 땐 어머니의 입장을 최대한 들어주되 섣부른 대변은 하지 않기. 늘 그 사이에서 아슬아슬한 줄타기를 하지만, 이 또한 남편이자 결혼한 아들의 숙명이려니 하며 살아간다.

여전히 그리운
엄마의 손맛

회사에서 바쁘게 업무를 처리하던 중 메일이 왔다는 핸드폰 알람이 울렸다. 급한 일을 처리하고 점심때가 돼서야 열어보았다. 브런치에 올린 글을 보고 잡지사 기자분에게서 연락이 온 것이다. 오래전에 쓴 글이라 가물가물했는데, 이렇게 기억하고 섭외를 제안해준 것이 신기했다.

솜씨 좋은 어르신의 요리 비법도 살펴보고 그간 살아온 이야기도 들어보는 '할머니의 부엌 수업'이란 코너에 어머니를 주인공으로 모시고 싶다는 것이었다. 내 글은 어머니가 어릴 때 해준 음식에 관한 이야기였다. 사실 '한식문화 공모전'에 제출했지만, 수상하지는 못했었다. 살짝 들뜬 마음으로 퇴근 무렵에 기자분에게 연락을 드렸다. 그는 글 속에서 어머니의 요리 솜씨가 남다르다고 느꼈고, 인터뷰를 통해 음식뿐 아니라 어머니의 삶을 담고 싶다고 했다. 어머니의 의사가 중요하니까 여쭤보고 답을 주기로 했다.

어머니의 답은 어떨지 몰랐지만, 꼭 했으면 하는 마음이 들었다. 올여름 구독했던 '월간 이슬아'에서 어머니 복희씨에 대한 인터뷰 글을 보았었다. 삶의 전반을 같이 따라가며 어느 순간 그 안에 동화되어가는 모습이 인상적이었다. 나 역시도 이번 기회를 통해 어머니를 좀 더 이해하게 되지 않을까.

어머니는 내세울 음식 솜씨가 아니라고 걱정했지만, 이내 하겠다고 말씀하셨다. 그 대신 집이 협소하니 근처에 사는 누님 댁에서 진행해도 되는지 물어보라고 했다. 기자님은 괜찮다면서 인터뷰는 대략 2시간 정도 걸린다고 했다. 처음에는 음식을 만들고 나중에 함께 먹으며 편하게 이야기를 나눌 거라 했다. 나도 참여했으면 좋겠다고 했지만, 회사 일로 어렵다고 거절했다. 촬영보다도 어머니의 요리를 맛볼 기회를 놓친 것이 아쉬웠다.

어릴 때 어머니는 마치 자판기 같았다. 먹고 싶은 걸 말하면 뚝딱 만드셨다. 특히 찌개는 전매특허였다. 냄비 속에 보글보글 끓는 모습만 보아도 입속에 침이 고였다. 짭조름한 국물에 밥을 말아 먹으면 반찬도 필요 없었다. 유독 입이 짧았던 어린 시절에도 어머니의 음식에는 밥 한 공기를 모두 비웠다.

    수능 시험을 망치고 푹 꺼진 모습으로 집에 돌아와 이불을 똘똘 말아 누웠을 때도 어머니는 시험이 어땠는지 묻지 않았다. 대신 저녁 준비를 시작하셨다. 속상한 마음에 '무슨 밥이냐' 하면서도 부엌 너머 공기를 타고 오는 고소한 냄새는 뱃속을 어지럽혔다. 식탁 위에는 좋아하는 오징어 찌개, 장조림, 오이소박이, 꼬막무침이 가지런히 놓여 있었다. 어머니는 아무 말 없이 옆에서 먹는 모습을 지켜보았다. 한 숟가락 국을 떠서 입속에 넣는데, 왈칵 눈물이 쏟아졌다. 매일 먹었던 그 맛이 아니었다. 마법의 가루라도 넣은 듯 위로가 가득 담겨 있었다. 어머니는 음식을 만드는 내내 아들 걱정을 했으리라. 그 마음이 음식에 고스란히 스며들어 전해졌다. 늘 그랬던 것 같다. 음식에 힘을 얻고, 위로받고, 감동하고.

    결혼하고 아내의 손맛에 익숙해져 음식 간이 싱거워졌다. 아버지 입맛에 따라 칼칼한 국에 김치까지 넣어 먹었던 게 언제였는지, 가끔 본가에 가서 밥을 먹으면 입안에 퍼지는 알싸함에 처음엔 적응이 안 된다. 사람도 변하듯 입맛도 따라 변하는 건지. 그래도 그 시간은 오래가지 않는다. 혀는 금세 기억하고 풍미 속에 빠진다.

    금요일 오후쯤에 어머니로부터 연락이 왔다.

    "인터뷰 잘 마쳤다. 이것저것 물어봐서 답은 했는데, 팬

찮을지 모르겠네. 음식도 변변찮아서 원. 그래도 덕분에 좋은 경험했다. 기사는 내년 초에 실릴 예정이란다."

 말은 그렇게 하셔도 잘 마친 것 같다. 상기된 목소리에서 봄 냄새가 났다. 어머니께 조그만 추억을 선물했다는 생각에 어깨가 으쓱했다. 비지찌개를 하셨다는데, 텁텁하면서도 칼칼한 맛이 떠올랐다. 하얀 쌀밥에 비벼 먹으면 얼마나 맛있을까. 점심은 비지찌개를 먹어야겠다.

 가끔 그런 날이 있다. 삶이 너무 지쳐 힘든데 어디 말하기는 그런. 그럴 땐 어머니의 손맛이 떠오른다. 소박하지만 어머니의 마음이 듬뿍 담긴 집밥이.

어머니의 비지찌개

나는 일단 입맛이 까다롭지 않다. 개고기 외에는 특별히 가리는 음식도 없다. 최근에는 향료인 고수까지 극복해서 음식의 영역이 확장되었다. 반면에 특별히 좋아하는 음식도 없다. 최근에 그나마 자주 먹는 음식이 순대, 카레 정도다. 내가 생각해도 참 소박하다. 하긴, 이렇게 삼시 세끼 챙겨 먹은 것도 어른이 되고서부터였다.

어릴 땐 음식 먹는 것을 지독히 싫어했다. 무슨 맛으로 먹는지 이해가 되지 않았다. 그러니 당연히 엄청 말랐었다. 반이 바뀌어도 나의 별명은 늘 멸치, 젓가락, 성냥개비를 벗어나지 못했다. 밥시간이 되면 어머니는 한 숟갈만 더 먹으라고 숟가락에 밥을 퍼서 나를 쫓아다녔고, 나는 조금이라도 안 먹으려고 도망치기 일쑤였다. 이런 어머니와 나의 실랑이는 우리 집의 흔한 풍경이었다.

그런데 이런 나에게도 좋아하는 음식 하나가 있다. 내가 유독 안 먹을 때 어머니께서 쓰시는 최후의 비책이 바로 '비지찌개'였다. 다른 음식은 맛이 없는데 비지찌개만은 예외였다. 그 당시 매일 비지찌개만 먹으라고 했어도 좋았을 것이다. 왜 그렇게 맛있었을까? 지금도 풀리지 않는 미스터리이다.

어머니는 먼저 뚝배기에 뽀얀 비지에다 신 김치와 돼지고기를 숭숭 썰어 넣고 팔팔 끓였다. 거기에 파까지 넣으면 금상첨화였다. 보글보글 끓으며 구수한 냄새가 부엌 넘어 내 코를 간질이기 시작했다. 그러면 나는 배고픈 강아지처럼 낑낑대며 연신 부엌을 얼쩡거렸다. 그러나 어머니는 매정하게도 음식이 다 완성될 때까지는 얼씬도 못하게 하셨다. 지금 생각해보면 나를 애닯게 만들려는 어머니의 작전이었던 것 같기도 하다.

기다리면 복이 오듯이 드디어 밥상이 차려지고 정중앙에 떡하니 비지찌개가 주인공이 되었다. 나는 다른 반찬은 눈길조차 주지 않은 채 오롯이 비지찌개만 뚫어지게 쳐다보았다. 짝사랑도 이런 짝사랑이 없었다. 그리곤 흰쌀밥 위에 비지를 푹 퍼서 연신 비벼댔다. 그러면 어느새 밥그릇은 선분홍빛으로 곱게 물든다.

뜨거운 비지를 호호 불며 한입 입안에 집어넣으면 행복이 내 안 가득 퍼졌다. 비지만 먹으면 약간 텁텁할 수 있는데, 신 김치와 어우러져 칼칼하니 맛의 조화를 이룬다. 나는 그 자리에서 밥 한 공기를 뚝딱 해치우곤 어머니께 한 공기를 더 먹겠다고 밥그릇을 내밀었다. 그러면 어머니는 뿌듯한 눈길로 나를 바라보면서 슬그머니 밥을 푸러 부엌으로 향하셨다. 나는 그때 마음속으로 '그래요, 어머니. 오늘 전쟁은 어머니가 이겼어요'라고 패배를 인정할 수밖에 없었다.

지금은 결혼한 지 10년이 넘었고, 당연히 어머니가 해주시는 음식을 먹을 기회가 전보다 줄었다. 시간이 지나면 입맛이 변하듯이 이제는 아내가 해주는 음식이 더 입맛에 맞을 때가 많다. 얼마 전에도 어머니께서 김치를 주셨는데 예전에 좋아했던 그 맛이 아니었다. 내 입맛이 변한 건지 어머니의 손맛이 변한 건지 잘 모르겠다. 하지만 예외가 있었으니, 바로 어머니표 비지찌개다. 이상하게 삶이 힘들거나 마음이 정리가 안 될 때는 꼭 어머니가 해주시는 비지찌개가 생각난다. 아마도 어머니의 사랑이 듬뿍 담긴 음식이라서 그럴 것이다. 오랜 시간이 흘러도 그 음식을 떠올리면 그 안에 지나간 삶이 담겨 있음을 발견한다.

얼마 전 가족들과 함께 부모님 댁에 가기로 하였다. 전날 어머니한테서 연락이 왔다.

"뭐 먹고 싶은 것 있니?"

"없어요. 뭘 번거롭게 음식을 하세요, 힘들게. 그냥 밖에 나가서 먹어요."

"아니다. 애들 먹이려고 새우튀김도 준비하고 LA갈비도 다 재 놓았다. 근데 너는 뭐 해줄까?"

"정 그러면 비지찌개나 해주시든가요."

"너는 맨날 비지찌개냐. 알았다."

말은 그렇게 했지만 전화를 끊고 나도 모르게 미소를 지었다. 어머니가 해주시는 비지찌개를 맛본다는 생각에 가슴이 세차게 뛰었다.

삶이 아무리 변해도 한 가지쯤은 변하지 않는 게 있으면 좋지 않을까. 나에게 비지찌개는 그런 존재다. 내가 앞으로 마주칠 삶의 긴 여정 속에서 힘들 때 생각나고 먹으면 기운을 얻는 그런 음식이 있다는 것, 평생 나에게 따뜻한 위로가 되어줄 것이다.

인생의 두 번째 여자

　퇴근해서 집에 돌아오니 현관에서부터 구수한 된장찌개 냄새가 솔솔 풍겼다. 아이들은 배가 고픈지 숟가락, 젓가락을 두 손에 꼭 쥐고 엄마 뒤꽁무니만 쳐다보았다. 서둘러 옷을 갈아입고 식탁에 앉았다. 찌개를 푹 퍼서 흰쌀밥에 비벼 한입에 넣었다. 삼삼하니 맛있네.

　국에는 무조건 김치를 넣고, 소금을 팍팍 쳐서 얼큰하게 먹어야 제맛인 줄 알았다. 아내와 산 지 10년이 넘은 사이에 강산만 변한 것이 아니라 입맛도 변했다. 말로 다 못할 험난한 시기를 지나 마흔에 도착했다. 지금 내 앞에서 밥을 함께 먹고 있는 아내는 이제 나의 마지막 여인이리라.

　내 인생에 첫 번째 여자는 어머니였다. 어른이 되기 전까지는 그녀가 만들어 놓은 틀 안에서 생활했다. 먹는 것, 입는 것, 자는 것, 해야 할 것까지 모두 어머니의 손이 가지 않은 것이 없었다. 어른이 되어서도 결혼 전까지는 그 세계 속에서 벗어날 생각을 하지 못했다. 시간이 지날수록 독립하고 싶은 마음이 커졌다. 결혼하고 싶었던 이유 중에 새로운 세상을 만들고 싶은 열망도 있었다.

돌이켜 생각해 보면 결혼하고 초반에 어려웠던 것은 나와 아내가 각자 삶 속에서 가졌던 생활습관의 충돌이었다. 치약 짜는 것으로도 싸움이 난다는 말처럼, 우리는 수시로 부딪혔다. 나는 밤 10시면 자고, 아침 6시면 일어나는 아침형 인간이었고, 아내는 밤시간이 중요한 야행성이었다. 아침을 반드시 챙겨 먹어야 하는 나와 달리 아내는 아점, 저녁 두 끼만 먹으면 되었다. 하긴 종교도 불교와 기독교로 나뉘었다. 결혼 전에는 닮은 구석이 많다고 생각했는데, 막상 결혼해 보니 우리는 달라도 너무 다른 사람이었다. 귀신을 피하려다 호랑이를 만난다는 속담처럼 꿈꾸었던 해방이 아니라 새로운 족쇄처럼 느껴졌다.

어머니의 세계를 벗어나 관계 정립을 다시 했다. 그 과정도 쉽지 않았다. 오랜 기간 깊게 뿌리박힌 연결고리를 끊는 것은 고통스러웠다. 사소한 행동에도 서운함을 크게 느끼는 어머니 앞에서 어찌할 바를 몰랐다. 그 여파는 나를 넘어 아내에게로 갔다. 모든 것이 서툴렀던 나는 중간에서 조율을 제대로 하지 못했다. 새로운 세상은 그만큼의 진통이 필요했다.

시간이 흐르고 자연스레 건강한 분리가 이루어진 지금, 안에 있을 땐 몰랐는데 한걸음 뒤에서 바라보니 오히려 그 마음이 더 애틋하다. 아이를 낳고 부모가 되어보니 어머님이 주신 무한한 사랑이 어떤 것인지 이젠 조금 알 것 같다.

마흔이 훌쩍 넘어 이제는 아내와 내가 만든 세상이 익숙하다. 서로 다름을 인정하고 조심하며 적당한 타협점을 찾았다. 물론 그 과정은 어머니가 만든 세상에서 나올 때보다 훨씬 힘들었다. 시간이 지날수록 이 세계의 중심은 아내에게로 향한다. 특히 아이들은 아내의 계획대로 움직인다. 그 모습을 지켜보고 있으면 마치 나의 어릴 적 모습 같다. 적당한 때가 되면 아이들도 그 벽을 넘으려 힘쓸 것이다. 아내도 어머니가 그러했듯이 서운함에 치를 떨지도 모른다.

어른이 된다는 것은 건강한 분리를 통해 스스로 구축한 삶을 살아가는 것 같다. 누구나 겪는 일이지만, 쉽지 않은 일임이 틀림없다. 이론으로 배울 수 있는 것이 아니라 직접 맞닥뜨려 깨지고, 부서지며 터득할 수밖에 없다. 지름길도 없이 한 걸음씩 정직하게 가다 보면 종착역에 마주한다.

식사를 마친 후 얼른 식기를 정리해서 설거지를 시작했다. 조금 더 지체했다간 두 번째이자 마지막 여인의 강한 레이저빔이 날아올지 모른다. 나의 평온과 행복은 그녀의 손아귀에 있다는 것을 깨닫게 된 후부터 말 잘 듣는 남편이 되었다. 결국 남자의 인생이란 첫 번째 여인에게서 잠시 머물다 두 번째 여인에게서 종결되는 것이 아닌가 싶다. 달그락거리는 접시 부딪히는 소리를 들으며 홀로 웃픈 미소를 지어본다.

다섯 번째,
직장인 신계장 이야기

어느 여느 직장인

아직 모두가 잠든 고요한 시간. 살짝 발뒤꿈치를 들고 얼른 씻으러 화장실로 향한다. 아침은 간단히 선식으로 때운다. 아직 해가 뜨지 않은 어슴푸레한 하늘 아래 천천히 발을 내딛는다.

앞뒤로 꽉 찬 지하철 안에서 마스크까지 쓰니 답답함이 목까지 차오른다. 얼른 구석에 자리를 비집고 잡아 나만의 글쓰기 시간을 가진다. 핸드폰의 조그만 자판으로 조물락거리다 보면 어느새 배시시 웃고 있는 나를 발견한다. 누가 볼세라 얼른 주변 사람의 표정을 짓는다.

대충 글이 마무리될 때쯤 회사에 도착한다. 아침부터 나를 기다리는 수많은 메일과 메모들로 현실을 마주한다. 벌써 직장 14년차. 이제는 일도 익숙하고 편해질 만도 하건만 일이란 존재는 당최 적응 불가다. 박차고 나가서 꿈을 이뤄 보리라 하지만, 마음 안에서만 열심히 헤엄친다.

남들이 소위 말하는 철밥통 안에 들어가 굴러먹은 지도 오래되었다. 조직이 싫다면서 누구보다 조직맞춤형이었다. 글쓰기를 만나기 전에는 이곳이 전부였다. 승진, 성공, 회사가 만들어 놓은 온갖 기준에 나를 맞추었다. 나중에야 알았다. 그저 나는 그 안에 부속품에 지나지 않는다는 것을.

글쓰기를 시작하고 주중엔 신재호, 주말엔 실배란 이름으로 살아보겠다고 다짐했건만, 신재호가 자꾸 영역을 침범한다. 벌써 토요일의 절반을 잠식했다. 이러다 먼지처럼 사라질까 두렵다.

저녁을 간단히 먹고 사무실에 들어와 허겁지겁 밀린 일을 처리했다. 하나둘 사라진 사무실에 나 홀로 남아 서류 정리를 하며 문득 서글픈 마음이 들었다. 나는 이렇게 재미없이 늙어가는 것인가. 그러나 생각과 다르게 손은 분주했다. 미처 다 처리하지 못한 일을 남겨두고 서둘러 컴퓨터를 껐다.

어두컴컴한 밤하늘은 갈 길을 재촉했다. 이번에 지하철을 놓치면 자정에 도착이다. 조금 뛰었더니 습기를 가득 먹은 몸뚱이가 찝찝했다. 다행히 냉기 가득한 열차 안 에어컨 바람에 몸을 식힌다.

별반 다를 것 없는 하루의 연속이다. 언제쯤 밝은 해를 보고 퇴근하는 날이 올지. 그래도 어김없이 주말은 다가온다. 실배로 짠 하고 변신할 주말을 몹시 기대하며 고된 하루 속에 나를 흘려보낸다.

기계를 만나면 흠칫 놀라는 나이

"신계장님, 자료 빨리 주셔야죠."

오전부터 독촉하는 행정팀 김계장의 전화에 마음이 급해졌다. 왜 이리 안 될까. 벌써 30여 분 넘게 USB를 넣었다 뺐다 반복하고 있다. 보안 강화로 별도의 입력창에 암호를 넣은 후에야 자료를 담을 수 있었다. 그러나 입력창이 계속 나타나지 않았다. 결국, '무엇이든 물어 보세요'를 담당하는 박주임에게 SOS를 청했다. 번개처럼 나타난 그는 어깨춤을 추며 자판을 요리했다. 그러기를 수 분이 지났다.

"계장님 이제 USB 꽂아 보세요."

올레! 마법이 일어났다. 오전 내내 나를 괴롭혔던 입력창이 모니터 한가운데에 떡하니 모습을 드러냈다. 왜 이제야 나타났니. 이어지는 박주임의 촌철살인 한마디.

"인증 프로그램을 설치해야죠."

유유히 사라지는 뒷모습을 쳐다보며 허무함이 달처럼 차올랐다. 아차차. 최근에 컴퓨터 본체를 바꿨다. 그럼 당연히 프로그램을 새로 설치해야지. 자료를 담아 제출한 후 의자에 털썩 주저앉아 잠시 생각에 잠겼다.

한때 나도 박주임 같은 시절이 있었다. 처음 입사했던 때, 과장님들 대부분이 마흔 넘어서부터 컴퓨터를 접했다. 선배들은 젊을 때 손글씨로 문서를 작성해서인지 하나같이 명필이었다. 지렁이가 기어가는 내 글씨를 보곤, 예전 같으면 입사도 못했다며 혀를 찼다.

잘은 못해도 기본적인 한글, 엑셀, 파워포인트를 활용할 줄 아는 나는 제법 쓰임새가 좋았다. 특히 이제 막 파워포인트가 기지개를 피기 시작했다. 모든 발표는 파워포인트로 해야 한다는 강박감이 생길 정도로 집착했다. 선배들이 가져온 종이 뭉텅이를 줄이고 줄여 파워포인트로 구성하는 것이 주된 일거리였다. 어디 그뿐인가. 급하게 과장님이 호출해서 달려가면 컴퓨터를 고쳐달라는 요청이었다. 모니터가 안 켜진다고 당황스럽게 바라보았다. 그래서 만져보면 대부분이 연결선이 빠져 있거나 접촉 불량이었다. 사용하는 프로그램을 업그레이드하는 날이면 남아서 부서의 모든 컴퓨터를 손보았다. 졸지에 업무 분장표에도 없는 컴퓨터 담당이 되었다.

전에는 컴퓨터에 문제가 생기면 네이버에 검색해서 해결하는 수고도 마다하지 않았다. 그러다 점점 손이 가지 않게 되었다. 모르면 잘 아는 동료에게 물어 해결하는 쉬운 길을 찾았다. 비단 컴퓨터뿐이랴. 전자기기를 사도 작동법을 잘 몰라 기본만 사용했다. 그렇다 보니 컴알못에 기계치가 되고 있다.

사회적 거리 두기 강화로 재택근무가 다시 시작되었다. 집에서도 업무를 처리할 수 있는 환경을 만들라는 지시로 집 노트북에 프로그램을 깔아야 했다. 별것 아닌 듯 보였는데, 설치부터 써야 하는 업무 선택까지 한참을 헤맸다. 더구나 접속을 위해서는 회사에서 쓰는 공인인증서가 필요했다. 메일로 보낸 후 집에서 설치하려는데 계속 오류가 났다. 결국 민원센터에 연락했더니 파일 확장자명을 변경하라고 했다. 맞다, 그제야 생각이 났다. 보안 문제로 인증서도 그대로 활용할 수 없었다. 불과 몇 년 전만 해도 이 정도쯤은 잘 알고 썼는데 점점 왜 이러는지. 신입 때 만났던 선배들이 떠오르면서 그때는 몰랐던 그들의 고충이 이제야 이해되었다.

시간이 지날수록 자연으로 회귀하는 본능에 충실한 걸까. 영화 〈터미네이터 2〉에서 T-800을 다시 만나 놀라 자빠지는 주인공 '사라 코너'처럼 기계의 역습이 몹시 두려운 요즘이다.

4천 원 커피는
여전히 부담이다

나는 커피를 못 마셨다. 몸 안에 카페인 두드러기가 있는지, 진한 초콜릿만 먹어도 심장이 벌렁거렸다. 고등학교 때 밤새 공부한다고 커피 한잔을 마셨다가 정말 한숨도 자지 못해 시험을 망친 흑역사도 있다.

이런 내가 요즘은 아무렇지도 않게 커피를 마신다. 직장생활 14년차에 는 것은 뱃살과 커피다. 처음 직장에 들어갔을 때 부서를 돌며 인사했다. 그때마다 과장님들은 종이컵에 믹스커피를 담아주셨다. 그것도 커피 봉지로 정성스레 간을 맞추어서. 그렇게 대여섯 잔을 마시고는 손이 벌벌 떨려 수전증이 있느냐는 오해도 샀다.

직장에 들어가며 커피의 신세계를 접했다. 이건 뭐, 커피가 동네 친구 같았다. 출근하면 기본 한잔, 점심 먹고 식후 땡 한잔, 손님 오면 한잔, 오후 나른해질 때 한잔, 퇴근 전 아쉬워서 한잔. 그 당시 나는 막내라 열심히 커피를 탔다. 믹스 커피라고 모두 같은 맛이 나는 게 아니었다. 물의 양이 중요했다. 과장님은 종이컵 끝까지 가득, 계장님은 절반, 팀장님은 3분의 1만. 나중에는 알아서 기호별로 커피를 대령했다. 커피도 직장 생활의 중요한 부분이라는 것을 점차 깨달았다.

어느새 나도 커피 양이 늘어갔다. 커피 한잔을 마셔야 일의 능률도 올라가는 것 같았다. 특히 잠이 스멀스멀 찾아올 때면 나도 모르게 발길이 탕비실로 향한다. 구수한 커피 냄새가 코 끝에 닿아 나를 무의식에서 의식의 세계로 인도했다.

점차 나의 커피 세계관도 확장되었다. 사무실 믹스 커피에서 커피 전문점의 고급진 커피로 눈길을 돌렸다. 이곳은 메뉴부터 신선했다. 에스프레소, 캐러멜 마키아토, 카페 모카 등 발음도 어려웠다. 맛은 어떠한가. 단맛을 넘어 달콤 씁쌀함이 입안에 가득 찼다. 이런 맛도 있었구나. 나는 여태껏 커피 유아에 지나지 않았던 것이다. 점심을 먹고 난 후 동료들과 으레 커피 전문점으로 향했다. 이젠 나만의 기호도 생겼다. 카페라테 안에 시나몬 가루를 가득 넣어 마시면 '행복'이란 단어가 마음에 새겨졌다.

문제는 다른 곳에 있었다. 거의 한 끼에 근접한 커피값이었다. 이젠 선배보다 후배가 많아진 회사에서 함께 커피 전문점에 가면 비용이 만만치 않았다. 선배가 사줄 때면 눈치 보며 무조건 아메리카노를 외쳤던 예전과 달리 요즘은 각자의 취향이 뚜렷하다. 순식간에 1~2만 원이 눈앞에서 사라지곤 한다. 일주일에 두세 번을 간다고 하면 무시 못 할 금액이다. 그렇다고 안 간다고 할 수도 없고. 이미 혀란 녀석도 믹스커피를 밀어냈다. 이런 간교한 놈 같으니라고. 네가 언제부터 그 맛을 알았다고!

그 고민은 어느 순간 풀렸다. 2년 전부터 1일 1식을 시작했다. 업무 특성상 종일 앉아 있는데, 3식을 다 하기엔 속이 부담스러웠다. 아침은 간단히 선식으로 때우고, 점심은 건너뛰고 저녁만 먹었다. 잔업을 하면 회사에서 밥값이 나왔다. 점심을 안 먹으니 식후땡 커피 마실 기회도 줄었다. 덕분에 주머니 사정이 나아졌다. 커피 마시는 시간도 오후로 바뀌었다. 사내 커피 전문점은 천 원 정도 가격도 저렴했다. 혼자 가기 뭐해서 주로 후배들을 대동해서 갔다. 넉넉한 마음은 필수 탑재였다.

"신계장님, 오늘은 달달한 게 당기는데 바닐라라테도 괜찮죠?"

"저는 아까 커피를 마셔서 시원한 생과일주스 먹을래요."

"에스프레소에 얼음 가득이요."

이런, 선배를 생각하는 기특한 마음의 소유자들 같으니라고.

"그… 그래, 당연하지."

나는 시나몬 가루를 듬뿍 넣은 라테를 마시며 생각했다. 나이 마흔 살이 훌쩍 넘어도 커피값을 생각하는 가련한 인생이여, 쉰 살이 넘으면 이런 걱정 없이 팍팍 마실 날이 오려나.

좌청룡 우백호

올해 초 새롭게 후배 두 명이 우리 기관으로 발령 왔다. 그런데 오기 전부터 두 사람 모두 나이가 많다는 소문이 돌았다. 발령 첫날, 사무실에 연배가 있어 보이는 분이 의자에 앉아 계셨다. 혹시 타 기관 과장님이 오셨나 했는데, 알고 보니 후배 중 한 명이었다. 어색한 인사를 마치고 나니 뒤이어 또 다른 후배가 나타났다. 대략 내 나이 또래로 보였다. 역시 나보다 한 살이 많았다. 이렇게 후배 같지 않은 후배들과의 동거가 시작되었다.

첫 회식 날, 비범치 않은 두 분의 장기가 발휘되었다. 주는 술은 무조건 원 샷이고 당최 꺾어 마시는 법이 없었다. 술이 청소기 먼지 빨아들이듯 입속으로 쏙쏙 들어갔다. 그 모습이 신기해서 슬쩍 주량을 물어보았더니 한 분은 태어나서 여태까지 취해본 적이 없고, 소주 4~5병까지는 거뜬하다고 했다. 맙소사. 다른 분도 그에 못지않았다. 그나마 덜 먹어서 소주 3~4병이었다. 그 이야기를 듣고 등골이 오싹해졌다. 슬쩍 눈치를 보다 다른 테이블로 이동했다. 나도 살아야 했기에.

사실 이분들이 오기 전까지 우리 회식은 저녁 9시를 넘긴 적이 없었다. 그간 술 먹는 직원이 거의 없었기 때문이다. 회식 때는 소장님 옆으로 그나마 마시는 나와 다른 계장님이 포진되었고, 나머지는 구석빼기를 차지하려고 치열한 눈치싸움을 했다. 이러니 회식 때 술을 남기기 일쑤였다. 주당이신 소장님도 재미없는지 저녁 8시 30분쯤 되면 슬슬 일어날 준비를 하셨다.

한때는 나도 그들처럼 분위기 메이커를 자처한 적이 있었다. 건배사도 자판기처럼 누르면 나왔고, 예술의 비율로 폭탄주를 대령했으며, 테이블 사이를 수려하게 넘나들곤 했었다. 그랬던 내가 마흔이 넘으며 변했다. 일단 술이 맛이 없었다. 술에 원수라도 졌는지 부어라 마셔라 하며 친한 척하는 것이 싫었다. 뻔한 직장 이야기도 그저 그랬다. 좋아하는 책 이야기도 글 이야기도 맘껏 할 수 없었다. 하긴, 그랬다간 이상한 사람 취급받겠지. 의무감과 책임감에 소장님 옆자리에 앉는 시간이 매우 괴로웠다.

그런데 눈앞에 신기한 장면이 펼쳐졌다. 소장님 양옆으로 두 후배가 나란히 포진하는 것이 아닌가. 그 모습이 마치 좌청룡 우백호 같았다. 연신 소장님과 술을 주고받는 모습을 보니 고마웠다. 두 분 덕분에 나의 회식에 평화가 찾아왔다. 소장님의 호탕한 웃음소리가 음식점 전체로 퍼져나갔다. 더구나 골초였던 소장님과 우르르 담배 피우러 밖으로 나가는 모습은 아름답기까지 했다. 심지어 이전까지 소장님 외에는 담배 피우는 직원도 없었다. 그간 말은 안 해도 짜증이 많았던 소장님의 얼굴에 꽃이 활짝 피었다.

그 뒤로 늘 회식 자리는 두 후배가 우리를 지켜주었다. 그 모습에 내가 두 분의 이름을 붙여 별명을 지어 주었다. 좌OO, 우OO이라고. 더구나 둘은 친해져서 술도 자주 마시고, 틈틈이 담배를 피우러 어디론가 사라졌다.

얼마 전부터 후배들이 내게 연달아 술 한잔하자고 제안했다. 두려운 마음에 계속 핑계 대고 피했으나 더는 피할 수 없는 낭떠러지에 다다랐다. 결국, 날을 잡았다. 다행히 이번 주에는 일찍 안 와도 된다는 아내의 말을 듣고 미리 약속을 잡았다. 아내는 살아서 돌아오라는 강한 메시지를 건넸다. 알았어요.

근처 삼겹살집으로 향했다. 후배가 알려준 집이었다. 벌써 음식점 사장님과 가족 같은 분위기였다. 예사롭지 않은 기운이 느껴졌다. 역시나 둘이 주는 술잔이 연달아 날아왔다. 나는 최선을 다해 방어했으나 어느 순간 무너져 버렸다. 내 한계를 넘어서 버렸다. 한 시간쯤 지났을까. 셋이서 소주 8병을 비웠다. 거기다 폭탄주까지 합하면, 휴. 원래 2차를 가기로 했으나 더 먹으면 죽을 것 같았다. 얼른 1차를 계산하고 집에 일이 생겼다며 뒤도 안 보고 도망쳤다. 뒤통수 너머로 아쉬움이 가득한 두 사람의 시선이 느껴졌다.

풀린 다리와 자꾸 감기는 눈을 부여잡고 간신히 집에 도착했다. 아마 좀 더 마셨으면 길에서 뻗었을지도 모른다. 차가운 물로 샤워한 후 잠시 의자에 앉았다. 하늘과 땅이 뱅뱅 돌았다. 그렇게 한참을 있는데 문득 고마운 마음이 찾아왔다. 좌OO, 우OO 후배 덕분에 소장님의 레이더를 피할 수 있었다. 그러나 고마운 마음도 잠시, 또다시 술 먹자고 하면 어쩌지 하는 두려움이 몽실 피어났다. 일단 눈이 몹시 감김으로 그 걱정은 다음으로 미뤘다.

방으로 향하는 길, 오늘의 고단함을 한껏 품은 채 흔들리는 다리를 붙잡고 어둠 속으로 천천히 걸어갔다.

하정우가 왜 걷는지
이제야 알겠네

 점심시간이 다가오면 내 엉덩이는 들썩인다. 발은 슬리퍼에서 등산화로 갈아 신은 지 이미 오래다. 점심시간을 알리는 방송이 나왔다. 오늘은 날이 선선하니 둘레길이 좋겠다. 엘리베이터를 기다리는 시간도 아까워 계단으로 뛰어 내려간다. 누가 내 뒷모습을 보았다면 며칠 굶은 사람인 줄 알겠다.

 원래 걷기는 나에게 뒷방 늙은이 신세였다. 운동은 모름지기 숨이 턱밑까지 차올라야 제맛이라 생각했다. 어릴 때부터 늘 뛰어다녔다. 한창 사춘기로 마음이 널뛰면 동네 한 바퀴를 돌았다. 헉헉대는 거친 숨소리 속으로 불덩이가 모두 사그라들었다. 이십대엔 헬스에 빠졌다. 무거운 쇳덩이를 들었다 놓았다 하며 불안한 미래를 안위했다. 마무리는 러닝머신이 부서져라 하곤 뛰었다. 땀방울이 내 몸 곳곳을 타고 내리는 느낌이 좋았다. 삼십대 초반 직장에 들어가서는 축구에 빠졌다. 격렬하게 살과 살을 부딪히며 둥근 공을 향해 미친 듯이 달렸다. 넘어지고, 살이 찢어지고, 시퍼렇게 멍이 들어도 훈장처럼 여겼다.

마흔에 가까워져서는 구기운동을 그만두었다. 머리는 뛰고 있는데, 몸은 그에 미치지 못했다. 몇 번 주변 동료를 다치게 할 뻔한 뒤로 안 되겠다 싶었다. 이제 운동은 끝났구나 하며 시무룩할 때, 친한 형이 마라톤을 권했다. 고작 10킬로미터였지만, 준비 과정은 한 달 정도 걸렸다. 그저 뛰는 것만으로도 행복했다. 첫 대회에 출전해 수많은 인파 속에 있으면서 다시금 젊음을 마주한 듯 설렜다. 그 뒤로도 1년에 두세 번은 꼬박꼬박 마라톤에 참가했다. 이렇듯 나에게 운동은 격렬함이었다. 걷기는 어딘가를 가기 위한 움직임, 그 이상도 이하도 아니었다.

작년 7월 본부로 발령이 났다. 예상은 했지만, 생활은 상상 이상으로 퍽퍽해졌다. 일이 익숙지 않은데 당장 처리할 일이 쏟아졌다. 그 부담감에 숨쉬기조차 힘들었다. 무엇보다 나를 힘들게 만든 것은 경직된 사무실 분위기였다. 다들 일에 치여, 옆에 누구 하나 고꾸라져도 모를 만큼 각박했다. 나는 사람 고픈 사람인데 어쩌지. 이 삭막한 분위기를 버틸 무언가가 필요했다.

 그 주 일요일에 가족들과 서점에 갔다. 책 냄새가 코끝을 간질였다. 책이 고팠다. 널따란 책장 사이에 자리를 잡고 이 책, 저 책을 탐닉했다. 그때 책 한 권이 눈에 들어왔다.《걷는 사람, 하정우》였다. 표지를 보니 작가가 내가 아는 영화배우 하정우였다. 영화를 끊임없이 찍는 사람이 언제 글을 썼을까 하며 책장을 열었다. 처음부터 걷기로 시작된 이야기는 끝까지 걷기로 끝났다. 해외 로케이션 촬영을 가서도 걷는 동선을 짜고, 걷기 위해 저녁에 사람들도 잘 만나지 않고, 걷는 여행을 떠나는 모습에 놀랐다. 이 사람 뭐야? 걷는 것이 뭐라고 이렇게까지 집착하지? 그저 무언가를 해소할 존재 정도로만 추측할 뿐이었다. 책을 다 읽고도 여운이 오래 남았다. 문득 걷고 싶다는 마음이 들었다. 가끔 어떤 생각에는 이유를 붙이지 못할 때가 있다. 걸으면 답을 찾을 수 있으려나.

 다음날 회사에 출근해서 점심시간이 되자 무작정 밖으로 나갔다. 스마트 워치를 차고 핸드폰에 연결했다. 목적지는 없었다. 회사 후문으로 나와 1차선 도로를 따라 걸었다. 곳곳에 높이 솟은 나무가 그늘이 되어 주었다. 발바닥이 땅에 닿는 촉감이 좋았다. 천천히 주변을 둘러보니 익숙한 공간이 다르게 다가왔다. 이곳에 이런 나무가 있었네. 아, 저런 건물도 있었구나. 길을 건너서 좌측 도로 옆길을 가보니 조그만 개울도 있었다. 빛에 반사되어 반짝거리는 모습을 보며 잠시 휴식을 취했다. 도로 끝, 우측에는 좁은 골목길이 있었다. 그 길을 따라가보니 맙소사 산과 이어져 있었다. 푹신한 흙을 밟고, 새소리를 들으며 걸었다.

그저 바쁘게만 오갔던 곳은 그 나름의 생명을 곱게 간직하고 있었다. 왜 그간 보지 못했을까. 한 시간이 두 시간처럼 느리게 흘렀다. 그 속도에 나도 발을 맞추었다. 몸이 이완되면서 마음도 따라 풀렸다. 내 어깨에 덕지덕지 붙어 있던 삶의 무게가 하나씩 덜어졌다. "아, 좋다"란 말이 내 입에서 툭 하고 나왔다. 발길 닿는 대로 걷다 보니 어느새 돌아갈 시간이 되었다. 천천히 사무실로 향했다.

발바닥이 욱신거렸다. 땀은 셔츠를 흠뻑 적셨다. 핸드폰을 확인해보니 만 보를 조금 넘게 걸었다. 몸의 찝찝함을 의식할 겨를도 없이 마음이 상쾌했다. 오후에도 여전히 정신없었지만, 전과 다른 무언가가 나를 감쌌다. 그날부터 매일 점심시간마다 걸었다. 일이 생기면, 저녁을 먹은 후라도 걸었다. 딱히 얼마나 걷겠다는 기준을 세우지는 않았지만, 꼬박꼬박 만 보를 넘겼다. 다리에는 근육이 붙었고, 어지간해선 발바닥이 아프지 않았다. 살도 3킬로그램이나 빠졌다. 늘 달고 다녔던 뱃살 일부와 아쉬운 작별을 고했다. 내가 걷는 것을 알게 된 동료 몇 명은 올해부터 함께 걷기 시작했다. 그들과 자연스레 속마음도 이야기할 수 있는 관계가 되었다.

걷는다고 해서 삶이 드라마틱하게 변할 것 같지는 않다. 회사는 여전히 험난할 것이고, 집에서는 아내와 아이들과 지지고 볶을 것이다. 장애물이 다가오면 그저 걸으며 생각하고 털어내는 수밖에.《걷는 사람, 하정우》란 책이 주는 메시지가 이런 것이 아닐까. 걷기란 어떤 마법 같은 존재가 아니라 내가 나를 돌아보고 단단하게 만드는 힘이라는 것을.

이제는 약값이
밥값보다 비싸다

"신재호씨 들어오세요."

간호사의 호출에 서둘러 담당 의사 방으로 향했다. 약간 머쓱한 인사를 나누고 의자에 앉았다. 선생님은 모니터를 내 쪽으로 돌려 피검사 수치를 보여주었다.

"요즘 조금 무리하셨나 봐요. 전반적으로 수치가 높네요. 특히 통풍 수치는 7.5니깐 술은 조심하세요. 약은 석 달 치를 드리겠습니다. 다음번에도 피검사하니깐 공복으로 오세요."

하긴, 며칠 전 친구를 만나 진하게 술을 마셨었다. 회사일로 스트레스도 많았다. 결과가 좋을 리 없었다.

처방전을 들고 약국으로 갔다. 약사와 이미 몇 년째 얼굴을 본 사이라 가볍게 눈인사를 나누었다. 얼마 뒤 누런 봉투 안에 약봉지가 가득 담겨 내 앞에 나타났다. 벌써 고지혈증약과 통풍약을 먹은 지 5년이 다 되어간다. 그때 그곳에 발을 디디지 말았어야 했다.

5년 전 더위가 시작될 무렵, 어느 오후였다. 점심을 먹은 뒤 잠시 휴식을 취하고 있었다.

"저는 본사 인사 담당자입니다. 재호씨 맞죠?"

"네? 아, 맞습니다."

"이번에 본사에 자리가 났는데, 와서 근무해보실래요?"

본사? 승진이 보장되는 누구나 꿈꾸는 곳이었다. 나에게 이런 횡재가 찾아오다니. 본사는 철저히 발탁 인사였다. 지원한다고 갈 수 있는 곳이 아니었다. 눈앞에 꽃길이 마구 흩날렸다. 에헤라디야. 기쁜 마음을 감추지 못하고 덜컥 일하겠다고 답했다.

그리고 며칠 뒤 정식으로 본사 발령이 났다. 주변 동료들의 축하가 이어졌다. 어깨가 두 뼘은 올라갔다. 업무 인수인계를 받으러 갔다. 일선과는 비교가 안 될 정도로 거대한 건물에 압도되었다. 사무실의 첫 느낌은 전쟁터였다. 인사할 틈도 없이 분주했다. 무엇보다 내 눈을 사로잡은 것은 책상마다 놓인 온갖 종류의 약봉지였다. 그것은 비극의 서막이었다.

발령 첫날부터 적응할 틈도 없이 일이 쏟아졌다. 퇴근

시간이 되어도 집에 가는 사람이 없었다. 야근은 밥 먹듯 이어졌다. 기획, 행사, 홍보, 콘텐츠 개발 등등 그간 해보지 않았던 일로 심적 부담이 컸다. 1년에 한두 번 볼지 말지 한 고위급 간부들도 여기선 동네 아저씨처럼 흔했다.

새벽까지 술을 마셔도 다음 날 아침 일찍 출근했다. 살은 두 달 만에 5킬로그램이나 쪘다. 그렇게 1년을 버텼다. 그날도 저녁까지 문서를 작성하고 있었다. 갑자기 몸이 납덩이를 감싼 듯 무거웠다. 왼쪽 엄지발가락 주변이 찌릿했다. 처음 경험한 느낌에 당황했다. 가방을 싸고 집으로 향하는 도중 욱신거림은 심해졌다. 그날 밤 발가락 주변이 벌겋게 변하면서 극심한 통증이 찾아왔다. 잠을 거의 자지 못한 채 출근했다. 발이 퉁퉁 부었고, 신발을 신을 수 없을 정도로 아팠다. 회사에 연차를 쓰고 싶었지만, 급한 일 때문에 그럴 수 없었다. 간신히 회사에 도착해서 일처리를 마무리하고 점심때 병원에 갔다. 피검사 결과 통풍과 고지혈증이었다. 문득 첫날 책상에 보였던 수많은 약봉지가 눈앞에서 아른거렸다.

여기서 포기하고 돌아갈 순 없었다. 통풍과 고지혈증은 수시로 괴롭혔다. 이를 악물고 1년을 더 버텼다. 결국 승진은 했지만, 대가는 거대한 양의 약봉지였다.

석 달에 한 번 병원에 들러 피검사를 받고 약을 탄다. 수치는 늘 오르락내리락한다. 의사 말로는 평생 먹어야 할지도 모른다고 했다. 약값도 무시 못 한다. 그러고 보면 삶은 공짜가 없다. 내가 그날 그 선택을 하지 않았다면 인생은 어떤 방향으로 흘러갔을까. 적어도 약은 안 먹지 않았을까.

매일 아침, 밥값보다 비싼 약을 입안에 털어 넣으며 고된 일터로 발길을 옮긴다.

맛집의 발견

지금 내가 근무하는 곳에는 밥 당번이란 게 있다. 바로 소장님과 함께 식사하는 당번이다. 소장님 빼고 총 13명이 근무하는 조그만 기관에서 최소한 일주일에 한 번 정도는 필수적으로 소장님과 식사를 해야 한다. 5일 중 한 번은 숙직으로 오전 11시에 식사를 하고, 두 번은 학생 식사 지도로 인하여 오전 11시 30분에 식사한다. 그러면 남은 이틀 중 한 번은 직원들이 돌아가면서 소장님과 식사하기로 암묵적으로 정했다. 통상 나는 화요일에 소장님과 식사한다. 고로 수요일인 오늘은 자율식사의 날. 이런 황금 같은 기회를 그냥 날릴 수 없어서, 평소 친하게 지내던 동료 두 명에게 급히 카톡을 보냈다.

나: ○○계장님, ○○주임님, 오늘 식사 어때요?

○○계장: 좋죠. 근데 소장님이랑 식사 같이 하는 분이 계신가요?

나: 네. ○○팀장님이 커버하기로 했습니다. 드시고 싶은 것이 있나요?

○○계장: 날도 춥고 따듯한 음식이 당기는데, 즉석 떡볶이 먹을래요?

○○주임: 좋습니다. 시장 지나서 ○○초등학교 앞에 ○○분식이라고 맛집이 있던데, 거기 어떠세요? 블로그에도 많이 나오더라고요.

나: 좋네. 그럼 12시에 몰래 뒤에서 봐요.

○○주임이 알려준 곳을 검색해 보았다. 정말 즉석 떡볶이 맛집인지, 블로그 글도 여러 개가 있었다. 가격도 1인분에 4천 원으로 무척 저렴했고, 사진 속에서 빨갛게 잘 익은 떡볶이와 사장님이 직접 담근 백색 무를 보니 군침이 확 돌았다. 오매불망 점심때만 기다리다, 드디어 오전 11시 55분. 정오에 소장님이 나가는 것을 확인한 후 동료들과 길을 나섰다.

그런데 저 멀리서 구름떼같이 몰려 있는 사람들을 발견했다. 처음에는 배추 사는 줄인 줄 알았다. 그런데 자세히 보니 쌀국숫집을 가기 위해 줄을 선 것이다. 줄은 한없이 이어져, 건물 왼편으로 사람 띠가 형성되었다. 이해가 안 갔다. 그곳은 며칠 전만 해도 한산한 곳이었다. 나도 몇 번 가본 적이 있다. 뭐, 물론 맛있긴 한데 나에겐 줄을 서서 먹을 정도는 아니었다. 동료들도 동의하는 분위기였다. 고개만 갸우뚱거리다 드디어 떡볶이집에 도착. 외관부터 어릴 적 자주 갔었던 초등학교 분식집 냄새가 풀풀 풍겼다. 들어가 보니 인상 좋은 아주머니가 우리를 맞아주셨다. 떡볶이 3인분에 쫄면 사리, 라면 사리, 튀김 만두를 추가하였다. 사진 속에서 본 것처럼 빨간 국물에 떡볶이, 쫄면, 라면, 오뎅, 양배추가 함께 춤을 추고 있었다. 그 모습을 넋 놓고 바라보고 있는데, 아주머니께서 슬쩍 이곳이 34년이나 되었다고 했다. 그 말을 듣는 순간 떡볶이가 금볶이로 보였다. 후광 효과다.

그 아름다운 자태에 한 번 놀라고, 맛에 두 번 놀랐다. 팔팔 끓는 국물이 떡과 오뎅, 기타 등등에 스며들어 맛의 소나타를 치고 있다. 살짝 매운맛에 달달함과 쫀득함이 배어 있다. 번들번들 윤이 나는 튀김 만두를 국물에 적셔 입안에 넣으니 바삭거리는 식감이 예술이다. 우리는 서로 말도 없이 그 맛에 흠뻑 취했다. 떡볶이를 다 먹고, 필수 코스인 볶음밥을 3인분 시켰다. 볶음밥 3형제 밥, 김, 참기름을 남은 국물에 비벼내니 밥과 버무리진 참기름 냄새가 코끝을 연신 찔렀다.

OO주임은 서두르지 않았다. 본인은 반드시 누룽지를

먹겠다는 일념으로 기다렸다. 드디어 때가 왔다. 연신 숟가락으로 바닥에 붙은 밥풀을 긁어대며 빙그레 미소를 지었다. 얼마나 싹싹 긁어 맛있게 먹던지. 늘 남보다 반 박자 늦게 사는 사람에게 저런 모습이 있었는가 싶었다. 짓궂은 농을 치려다 입술에서 머물렀다. 밥은 내가 샀다. 먼저 밥 먹자는 사람이 사는 것이 이치 아닌가. 오, 그래도 완전히 저렴한걸.

돌아오는 길에 아직도 인간 띠를 형성하고 있는 쌀국숫집을 보았다. 엄마 손에 이끌려 온 어린아이부터 일흔이 넘어 보이는 할아버지까지, 형형색색이다. 테이블이 달랑 4개인 조그마한 집에서 저 인원이 식사를 다 하려면 족히 2~3시간은 걸릴 것 같아 보였다. 우리는 신기한 구경을 뒤로한 채 일상으로 복귀했다. 오후 3시쯤 전날 부족한 잠으로 인해서 눈꺼풀이 슬슬 감길 무렵, 카톡이 왔다.

OO계장: 신계장님, 이유를 알았네요. 어제 유명한 OO이라는 TV 프로그램에 나왔네요.

나: 아, 역시 방송이 무섭군요.

OO계장: 결론은 공신력 없다는 것을 알게 해주네요. 프로그램이.

OO주임: 차라리 아까 갔던 떡볶이집이나 방송해 주지.

OO계장: 맞아. 그런데 거기도 방송 타면 앞으로 먹기 힘든 것 아냐?

    나: 안 돼, 오래간만에 맛집 찾았는데.

결국 쓸데없는 잡담만 늘어놓다가 대화를 종료했다. 얼마 전 유명한 맛 칼럼니스트가 누구를 저격해서 화제가 된 적이 있었다. 맛에 대한 것뿐 아니라 방영된 집이 그다지 별로라는 것이 밝혀졌는데도 방송을 탔다는 이유로 대박이 났다는 점을 지적했다. 나도 그 사람의 말에 전적으로 찬성하는 것은 아니지만, 어느 정도는 일리가 있는 것 같다. 여행 가면 꼭 블로그로 맛집을 검색해서 찾아간다. 반은 맛있었고, 반은 별로였다.

물론 입맛도 지극히 개인적인 거라 어떤 사람한테는 맛있는 것이 다른 누군가에게는 맛이 없을 수도 있다. 그러나 보편타당한 맛은 존재하지 않을까. 요즘 방송을 탄 맛집들이 진정 맛집인가 하는 의구심이 들 때가 많다. 조금 전에 보았던 인간 띠를 두른 쌀국숫집에서 식사하는 사람들이 식사 후에 맛있다고 느낀다면 정말로 맛있어서 그렇게 느낀 건지, 아니면 방송에 나온 맛집이라서 그런 건지도 궁금해졌다. 차라리 오늘 찾아간 떡볶이집처럼 묵묵히 30년을 넘게 맛을 갈고닦은 곳이 진정한 맛집이지 않을까 싶다.

이런 생각들에 날개를 달아, 과연 방송에서 이야기하는

모든 것이 진실일까 하는 것까지 가려다 말았다. 너무 가면 피곤하다. 이쯤에서 멈춰야겠다.

인사 공고문

 어제 퇴근 무렵에 눈이 왔다. 한 달에 두어 번 차를 가져오는데 하필 그날이었다. 아무래도 운전하기 힘들 것 같았다. 수요일에 차를 쓰는 아내에게 이 소식을 전하니 분노의 카톡이 왔다. 집에 가기가 몹시 두려웠다.
 드디어 인사 공고문이 떴다. 이때쯤이 되면 다들 마음이 들썩인다. 예정일보다 며칠 지나서인지 긴장감이 더했다. 우리 팀 선배 한 분은 이번에 일선으로 돌아간다. 나는 결국 본부에 남기로 했다. 잘한 결정인지 모르겠지만, 일단 더 버텨 보기로 했다.
 사실, 내가 있기로 한 이유는 선배의 영향이 컸다. 부서장과의 면담 후에 마음이 갈팡질팡했었다. '승진'이라는 보이지 않는 유혹에 흔들렸다. 그때 선배는 차 한잔하자고 했다. 다른 어떤 것보다 그의 말 한마디가 마음을 고정시켰다.

"그래도 신계장은 베푸는 일을 하고 있잖아. 나도 힘들 때 그 생각으로 버텼어."

의미가 중요한 나에게 하필 그 말을 해가지곤. 그때부터 일을 대하는 태도가 달라졌다. 선배의 말이 머릿속에서 계속 맴돌았다.

선배는 우리 쪽 업무에 특화된 분이었다. 주어진 일은 군말 없이 밤을 새워서라도 완수했다. 계속해서 본부에 붙들려왔고, 몸이 부서져라 일했다. 쉰 살이 조금 넘은 나이에 벌써 머리카락은 몇 가닥 없고, 몸은 바싹 말라 거죽만 남았다. 결국 이번엔 숫자가 보이지 않을 정도로 눈이 나빠져 부득이하게 내려가게 되었다. 허리고 어깨고 안 아픈 곳이 없었다. 이제 이곳 생활도 마지막이라며 엷은 미소를 짓는데, 왜 이리 마음이 짠한지. 길었던 고통의 시간을 버틸 수 있었던 것은 무엇이었을까? 이제는 일보단 본인을 먼저 챙겼으면.

베테랑 선배가 떠났기에 남겨진 사람의 몫이 더 커졌다. 험난한 미래가 불 보듯 뻔하다. 나는 나를 지키기로 굳게 마음먹었다. 주어진 상황을 바꿀 수 없다면 대신 다른 무기를 갈고닦을 것이다. 나에게는 책과 글이 있다. 책 속에 빠져 잠시 고된 현실을 잊고, 헛된 투정이라도 글에 담아 날려보내련다. 추운 겨울이 지나면 봄은 다시 찾아온다. 그날을 위해서 천천히 한 걸음 내디뎌본다.

골프 없는 중년

"나 골프 친다."

이런 썩을. 순간 격한 반응에 놀라 마음을 진정시켰다. K의 커밍아웃은 적잖은 위기감을 주었다. 같은 동네에서 태어나고 자라 30년 이상 '친구'란 카테고리 안에서 살아왔다. 나를 포함해 총 8명인 우리는 이십대 중반 정식으로 '중우 신우회'란 모임을 결성했다. 매달 회비도 내고 세 달에 한 번은 정기적으로 만났다. 그사이 연애, 취업, 결혼, 부모의 과정을 거쳤다. 출발점이 같을 순 없어도 적어도 한두 걸음 정도의 차이라 생각했었다. 30평대 아파트와 20평대 아파트, 중형차와 소형차 정도의 차이.

마흔쯤 되어보니 그 간극은 넘사벽이었다. 대기업에 들

어가 승승장구하고, 40평대 아파트에 떡하니 살고, 뚜껑이 열리는 외제차를 타고 다녔다. 그중에서도 골프는 마지노선이었다. 삼십대 중반이 넘어갈 무렵 골프를 시작한 친구들의 이야기가 시작되었다. 그때는 소수였기에 크게 신경 쓰이지 않았다. 그러나 점차 인원이 늘더니 만나면 골프 주제가 대화에서 차지하는 비중이 늘어났다. 알지도 못하는 버디니 파니 하는 용어로 움츠러들었다. 늘 끝은 다 같이 필드에 나가면 좋겠다는데, 나는 그저 어색한 웃음만 지을 뿐이었다.

    골프가 뭐라고 까짓것 한번 배워볼까 싶다가도 10만 원이 훌쩍 넘는 레슨비는 샐러리맨에겐 사치였다. 더구나 필드에 나가면 몇십만 원이 우습다고 한다. 매달 나가는 대출 이자, 생활비, 아이들 학원비는 들어오는 월급을 집어삼켰다. 그래, 운동이 목적이라면 열심히 하고 있다. 점심때 꾸준하게 산책하고 있고, 주말에는 아파트 단지 내 탁구 동호회에 가입해서 치고 있다. 그런데 왜 당당하게 탁구 친다는 말을 하지 못할까? 편견일지 모르겠지만, 골프는 왠지 운동을 넘어 부의 상징처럼 다가왔다.

    모임에서 K가 골프를 친다는 말이 도화선이 되어 봇물이 터졌다. 친구들은 그간의 노하우를 전수하느라 입에 불을 뿜었다. 골프를 치지 않는 나와 M은 그저 멀뚱히 상황을 지켜볼 뿐이었다. 급기야 다음번에는 실내 연습장에서 보자고 했다. 그리곤 나와 M이 신경 쓰였는지 너희도 시작해보라는 말로 에둘러 마쳤다. 한참 시간이 흐른 뒤에야 대화의 방향은 다시 힘든 삶으로 돌아왔다. 마치 수학 수업을 처음 마친 후 외계어 같은 숫자의 향연에 빠졌다 나온 멍한 아이 같았다.

이제 골프의 위협은 곳곳에서 나타났다. 아들 친구 학부모 모임에서도 어색한 분위기를 깰 땐 어김없이 골프가 등장했다. 골프 친다는 말 한마디는 차가운 공기를 금세 데웠다. '골프는 곧 우정'이라는 공식이라도 생긴 걸까. 그럴 땐 구석에서 홀로 술만 마신다. 골프 하나로 나와 그들 사이에 거대한 장벽이 생겼다.

골프 없는 마흔은 이리도 작아지는 것일까. 한편 생각해보면 나 스스로 그렇게 만드는 것은 아닐는지. 좁은 마음이 작동하여 비교하고 시기를 했다. 골프 없이도 삶에 만족하며 잘 살고 있음에도 그 단어만 나오면 위축되었다. 당당하게 골프는 못 치지만, 걷고 탁구도 치며 건강하게 살고 있다고 말하면 어떤가.

얼마 전 '독거 노총각'이란 유튜브 영상을 보았다. 주인공은 마흔 중반의 미혼 남성이었다. 홀로 살며 음식 먹는 모습을 보여주는 것이 다였음에도 묘하게 빨려들었다. 자막을 직접 읽어주는데, 그 안에는 단순해도 철학이 담겨 있었다. '여자 없이 사는 삶은 불쌍한 것이 아니라 그저 홀로 사는 삶

이다', '3천만 원짜리 전세에 살고 있다고 내 삶이 3천만 원은 아니다.'

그래 맞다. 그저 내가 가진 것에 만족하며 살면 행복하거늘 가지지 못한 것에 대한 질투, 부러움이 눈을 가렸다. '마흔쯤 되면 이 정도는 살아야지' 하는 도식을 만들고 조금이라도 벗어나면 용납할 수 없었다. 마흔에 골프를 못 쳐도 실패가 아니라 골프 없는 삶일 뿐이다. 마흔쯤 되었으니 있는 그대로를 인정하며 사는 것이 좋지 않을까. 앞으로 누가 골프 치냐고 물으면 당당하게 답해야겠다.

"저는 골프는 못 치는데요, 대신 탁구는 잘 치거든요. 다음에 시간 되시면 다 같이 탁구장 한번 가시죠."

소문이 무서운 나이

요 며칠 회사가 어수선했다. 직원 한 명이 안 좋은 일에 연루되어 자체 조사를 받았다. 평소 내가 많이 아끼던 후배였는데 마음이 매우 아팠다.

며칠 전 평소에 잘 연락하지 않았던 다른 기관의 직원이 메신저로 연락이 왔다. 혹시 조사 담당자가 우리 기관을 방문하지 않았느냐고. 그 당시 나는 오전에 출장을 다녀와서 정확한 사안을 알지 못했다. 그래서 안 왔다고 답했는데, 나중에 알고 보니 담당 직원이 와 있었다.

그리고 오늘 또다시 그 직원에게 메신저로 연락이 왔다. 조사 담당자가 왔다는 소식을 들었는데 왜 안 왔다고 했냐고. 난 잘 몰랐다고 답했다. 그리곤 나는 괜찮으냐고 안부를 묻는 척하다, 슬쩍 그 조사받은 직원이 누구냐고 물었다. 그 순간 열이 받았다. 화가 치밀었다. 나에게 연락한 그 직원은 소문 수집가이다. 예전에 같이 근무했을 때도 이리저리 소문을 수집해서 주변 사람들에게 수시로 전파했다. 특히 안 좋은 소문은 더더욱 더. 이번에도 어디서 냄새를 맡고는 그 나쁜 습성을 발휘하는 거였다.

나는 알려줄 수 없다고 단호하게 답했다. 나의 말이 차갑게 느껴졌는지, 어차피 나중에 알게 될 거란 말을 남기고 서둘러 대화창을 나가 버렸다. 이런, 싸가지! 혹시 알게 되면 얼마나 퍼트리고 다닐지 불 보듯 뻔했다. 여기저기에서 사실이 확인되지 않은 소문들이 후배를 공격할 생각을 하니 걱정이 많이 되었다.

소문은 무섭다. 더군다나 확인되지 않는 것은. 우리는 소문을 통해서 한 사람의 미래가 나락으로 떨어지는 경우를 종종 보았다. 그 직원의 취미인지 뭔지 모르겠지만, 처지를 바꾸어 본인이 소문의 주인공이 되어도 그렇게 떠들고 다닐지 묻고 싶다. 남에게 안 좋은 말과 행동을 하면 반드시 자신에게 돌아온다. 언젠가는 그 입방정이 본인의 뒤통수를 칠 날이 올 것이다. 나는 똑똑히 지켜볼 것이다.

좁쌀 같은 내 마음

내가 다니는 직장은 숙직이 있다. 잠을 자는 것은 아니고 저녁 9시까지 사무실에 있어야 한다. 특히 금요일 근무자는 주말에 회사를 출근하지 않지만, 개인 핸드폰으로 연결하여 계속 민원 전화를 받아야 한다. 거기다 아침과 저녁 두 번에 걸쳐 근무 지시 사항을 문자로 전송받는다. 금요일 근무자는 월요일에 출근해서 3일치 근무 명령부를 문서로 작성해야 한다. 여간 번거로운 일이 아니다.

이번 설 연휴는 금요일부터 시작된다. 고로 금요일 숙직자는 그 다음주 수요일까지 총 6일에 걸친 근무 명령부를 만들어야 한다. 더구나 서울 외 지역으로 떠날 수도 없다. 한 달 전부터 누가 걸릴지 다들 신경 쓰는 모습이 보였다.

과연 누가 당첨될 것인가. 드디어 이번 주 월요일에 당첨자가 나왔다. 이번에 인사이동으로 우리 센터로 발령 난 계장님이었다. 그분은 친정이 대구여서 고향에 가야 되는 상황이었다. 회의 때 소장님께서 가능한 직원이 근무를 바꿔주라고 말씀하셨다. 선뜻 나서는 직원이 없었다. 다들 눈치만 보았다. 나도 마찬가지였다. 괜히 계장님과 마주치면 죄인이 된 기분이 들었다. 마음속에서는 "바꿔 줘"라고 계속 외쳐댔다. 그러나 나는 애써 그 목소리를 외면했다. 버티고 버티다 결국 양심의 소리에 항복하고 오늘 전화를 드렸다.

"저, 계장님. 할 말 있는데요. 제가 근무 바꿔드릴게요. 고향 다녀오세요."

그러나 계장님께서는 이미 안 가기로 결정했다며 괜찮다고 하셨다. 마음이 바뀌면 언제든 연락 달라는 말을 남겼지만 그럴 일은 없었다. 전화를 끊고 미안한 마음이 커졌다. 차라리 더 일찍 바꿔드린다고 할걸. 미적대다 시기를 놓친 것은 아닌지. 괜히 사람 좋은 척만 한 꼴이 되었다.

요즘 점점 인색해져 가는 내가 보인다. 나이가 들수록 여유도 생기고 베푸는 마음이 있어야 하는데, 오히려 손해를 조금도 보지 않으려는 좁쌀이 되어간다. 게다가 받아들이는 폭은 얼마나 좁은지 개미 한 마리도 못 지나가겠다. 이러다 조만간 꼰대라는 소리를 듣는 건 아닌지 모르겠다. 솔직히 두렵다. 의도적으로라도 배려하는 노력을 해야겠다.
    말에 경청하고, 마음에 공감하고, 선의를 베푸는 그런 '나'가 되자. 꼭.

경청은 갈수록 어렵다

요즘 소통이 안 되는 K로 인해 스트레스를 받는다. 그는 나의 직장 동료이다. 본인이 A라고 생각하는 것은 무조건 A가 되어야 한다. 그곳에 B, C, D의 선택지는 없다. 상대방의 이야기는 조금도 들으려 하지 않는다. 나는 대화를 몇 번 시도해보았으나, 그때마다 돌아오는 날선 반응에 입이 저절로 다물어졌다. 정말 마이동풍이다. 그 뒤론 최대한 마주치는 동선을 줄였다. 내 나름의 방법이다.

나는 싫은 사람과 있으면 몸이 먼저 반응한다. 애써 태연한척해 봐도 금방 티가 난다. 나이가 먹을수록 불편한 사람과 있는 것이 점점 힘들다. 마음속으론 잘하자 해놓곤, 몸이 저만치 도망가 버리니 잘 될 리가 없다. 이번 생애에 성공하긴 아무래도 힘들 듯하다.

그럼 나는 어떨까. 요즘 '투 머치 토커'란 말이 유행이다. 쓸데없이 말이 많은 사람을 일컫는 말이다. 자수한다. 그게 나다. 상대방이 말을 다 마치기도 전에 새치기해 내 이야기를 하기 일쑤고, 관심 없는 주제에는 자주 멍을 때린다. 명색이 상담을 전공했고, 관련 분야 일을 하고 있지만 '경청'은 갈수록 어렵다. 이번에는 끝까지 잘 들어야지 다짐하지만, 어느새 입안에 단어가 툭 튀어나와 말을 끊는다. 나도 누군가에게는 K가 되지 않을까 두렵다. 이미 그럴지도.

내 주변에 소통이 잘 되는 M이 있다. 그는 나이, 성별 불문하고 대화를 잘한다. 가만히 관찰해보면 고개는 반쯤 앞으로 내밀고 귀는 쫑긋 세워 놓치는 말이 없다. 마치 '저는 당신의 어떤 말이라도 들을 준비가 되어 있답니다'라고 온몸으로 표현하는 것 같다. 당연히 중간에 끊는 일 없이, 적절한 시기에 '아, 그랬구나', '에고, 정말 힘들었겠다' 등 때에 맞는 공감을 한다. 그와 이야기하면 존중받는 느낌이 든다. 그래서 그가 좋다.

나도 습성이 쉽게 바뀌기 어렵다는 걸 안다. 소통 불가 K도, 투 머치 토커인 나도, 소통 왕 M도 저마다의 방식으로 세상을 살아가고 있다. 잘 안될 것을 알면서도 슬쩍 거울 앞에 서서 연습을 해본다.

"아, 그랬구나."

"에고, 정말 힘들었겠다."

좌뇌의 일탈

나는 여행이 좋다. 다람쥐 쳇바퀴 돌듯 반복되는 일상에서 여행은 달콤한 초콜릿 같다고나 할까. 내 안의 일탈 에너지가 마구 샘솟는다.

금요일 아침 출근길, 꽉 막힌 도로를 만나면 나의 좌뇌는 그대로 유턴해서 인천 앞바다로 떠나자고 유혹한다.

'청명한 가을로 바다를 거닐며 뽀얗게 부서지는 파도 구경은 어때? 근처 아무 데나 들어가서 펼쳐진 바다를 안주 삼아 소주 한잔, 회 한 점. 캬, 상상만으로도 죽이지?'

동화 속 백설 공주에게 탐스러운 독사과를 전하는 마녀의 유혹이 이런 걸까? 마음이 산사태가 난 듯 무너지고, 목마른 강아지마냥 입안에 가득 침이 고인다. 이대로 유턴을 하려는 찰나 우뇌가 나선다. 무단결근 후 벌어질 사태들을 3D 입체 영상으로 보여준다. 돌비 서라운드는 보너스다. 다음 주 월요일 출근하자마자 소장님의 호출과 무한 갈굼, 몇 번의 반려가 그려지는 경위서, 바닥으로 치닫는 인사고과, 동료들의 쑥덕거림이 들렸다.

눈앞에 유턴 표시가 보일 때마다 초점이 흔들린다. 마치 중국집에서 짜장면과 짬뽕 중에 하나를 골라야 하는 순간처럼 갈등한다. 나의 손에 점점 힘이 들어간다. 애꿎은 운전대의 목만 조인다. 드디어 마지막 유턴 길. 유턴의 오른손과 직진의 왼손이 사투를 벌인다. 오른발은 액셀과 브레이크 사이에서 탱고를 춘다. '가야 해! 아니, 가지 말아야 해!' 손에 땀이 고인다. 팔에 쥐가 날 지경이다. 찰나의 순간 결국 우뇌가 이긴다. 조금 전 사투를 벌인 손과 발이 맞는지 평온히 회사로 나를 인도한다. '휴…' 하고 한숨이 절로 나온다.

회사에 도착하여 슬쩍 컴퓨터 검색창에 '인천 앞바다'를 친다. 푹신한 털 같은 구름 아래로 끝없이 펼쳐진 초록빛 물결. 또다시 마음이 술렁인다. 슬며시 남은 연가를 살펴본다. 좌뇌가 스멀스멀 다가온다.

'그냥 조퇴해. 쪼다 자식, 인생 뭐 있냐?'

그때 저 멀리 소장님이 나에게 다가온다. 서둘러 화면을 내린다. 인천 앞바다는 한글 기안문 뒤로 순식간에 사라진다.

나는 일상의 '나'가 되어 소장님을 맞이한다. 좌뇌의 비웃음과 조롱을 뒤로 한 채⋯.

회사 전화를 착신한 죄

하던 일을 마무리하니 벌써 저녁 9시가 다 되었다. 퇴근 준비를 시작했다. 주섬주섬 가방 속에 일감을 넣는 심리는 무엇인지, 보지도 않을 거면서. 묵직한 가방을 들고 이제 막 컴퓨터를 종료하고 나가려는데 눈앞에 검은색 전화기가 아른거렸다. '한창 바쁠 때라 연락 올 곳이 많을 텐데. 어쩌지?', '괜찮아, 그냥 가. 별일이야 있겠어?' 두 가지로 나뉜 마음 때문에 갈등되었다. 그렇게 한참을 서 있다가 결국 전화기 착신 버튼을 눌렀다. 나도 참.

여러 생각들로 잠이 오지 않았다. 괜스레 핸드폰만 뒤적거리다 무의미한 시간만 흘려보냈다. 슬럼프라도 온 걸까? 일, 가정, 글, 어느 것에도 집중하지 못하고 있다. 끝을 모르는 바다 한가운데에 있는 듯 불안했다. 이런 시기에 연가는 도피성이 분명했다. 피곤이 쌓인 새벽 무렵에야 잠이 들었다.

슬픈 예감은 늘 틀리지 않는다. 아침부터 회사로부터 연락이 쏟아졌다. 급히 처리해달라는 요청에 노트북에 깔린 업무망으로 접속했다. 일에 집중하던 중 아이들 생각이 났다. 첫째와 둘째를 깨워 온라인 수업 준비를 시켜야 했다. 아내는 출근 전 몇 가지 사항을 당부했었다. 촘촘한 스케줄을 하나라도 잊을까 봐 카톡에 저장했다.

업무를 마무리할 때쯤 아이들이 온라인 수업을 마치고 방에서 나왔다. 밥을 챙겨주고 잠시 책을 읽었다. 평온을 찾을 때쯤 또다시 전화벨이 울렸다. 오늘따라 급한 일은 왜 이리 많은지. 회사 동료에게 착신을 풀어달라고 하고 싶은 충동을 느꼈다.

결국 연가는 일 반, 아이들 챙김 반으로 끝나버렸다. 누구를 탓하랴. 전화기를 착신한 나의 죄였다. 그나마 위안이 되는 것은 오늘 처리한 일로 내일이 덜 부담된다는 것이다.

오늘 확실히 깨달았다. 연가를 쓸 땐 일감도, 전화도 회사에 두고 오는 것으로!

하소연할 곳
하나 없는 나이

상담실 문 앞에서 한참을 서성거렸다. 이미 전화로 예약했건만 쉽사리 문을 열 수 없었다. 눈을 한번 찔끔 감고 안으로 들어갔다. 잔잔한 음악이 흐르고, 들어가자마자 느껴지는 따듯함이 전형적인 상담실 분위기였다. 얼굴에 '나 상담자요'라고 쓰여 있는 온화한 인상의 선생님을 따라 방으로 향했고, 내 이야기는 시작되었다.

얼마 전 맡게 된 과중한 업무로 스트레스는 극에 달했다. 반복되는 새벽 출근과 야근은 나를 점점 코너로 몰아세웠다. 한 사람이 고스란히 두 사람 몫의 일을 해내야 하는 부당함을 어디 하소연할 데도 없었다. 그저 글에 담아 흘려보냈다. 그리고 며칠 뒤, 잠시 물 마시러 정수기로 향하던 중 누가 심장을 움켜쥔 듯 꽉 쥐는 느낌에 꼼짝할 수 없었다. 가만히 서서 잠잠해지길 기다리면서 별의별 생각이 다 들었다. 어디가 크게 잘못된 것은 아닌가, 이대로 쓰러지면 어쩌지? 문득 떠오르는 곳이 있었다. 사내 상담실이었다. 어렴풋이 듣기로 정신건강 관련 체크를 해준다는 것 같았다. 무작정 전화를 걸고 점심때 가기로 했다.

담당 선생님은 심리 검사 결과 극도의 스트레스 상황이라고 말했다. 심장이 아픈 것은 전조증상이니 관리를 잘해야 한다고 했다. 그리곤 상담을 받아보면 어떻겠냐고 권유했다. 그 모습에 예전의 내 모습이 겹쳤다. 내가 상담자로 활동하던 때도 검사 결과가 안 좋거나 위기 상황이라고 판단되면 상담받을 것을 권유했었다. 그만큼 내가 힘든 상황인가 싶었다. 툭 하고 받겠다는 말이 나왔다. 이후로 일주일에 한 번 점심때마다 상담실 밖을 나왔다. 한낮의 태양빛이 고스란히 가슴속으로 들어온 듯 뜨거웠다.

전통 상담자의 길을 떠난 지도 벌써 10년이 넘었다. 그래도 비행 청소년을 교육하고 상담하는 일을 하면서 큰 보람을 느꼈었다. 거기서 머물렀어야 했다. 승진의 욕심으로 그간 전혀 해보지 않은 일에 도전했다. 역시나 안 맞는 옷이었다. 그래도 꾸역꾸역 버텼다. 1년이 지나고, 이제 조금 숨 쉴만했는데, 부당한 업무조정은 감당할 수 없었다.

상담자 앞에서 끝도 없이 이야기를 쏟아냈다. 이렇게나 안에 쌓아 놓은 것이 많았나 보다. 묵묵히 나에게 귀 기울여 주는 모습에 더 그랬는지도 모르겠다. 이야기는 비단 회사에만 국한되지 않았다. 가정, 관계, 삶까지 확장되었다. 그간 나에게 씌운 여러 가지 사회적 이름을 벗어버리고, 해방감을 느꼈다.

마흔쯤 살아보니 어디 하소연할 곳 하나 없다. 삶의 짐을 한가득 짊어진 채 홀로 걸어왔다. 이번에 상담받으며 깨달았다. 슬픔도 나누면 반이 된다는 말처럼 힘들 땐 힘들다고 말하며 털어내야겠다.

지금처럼 비바람은 언제든 찾아온다. 이제는 말할 용기가 있기에 두렵지 않다.

관계의 단면

사람을 알아간다는 것은 무엇일까? 우리가 흔히 말하는 "○○은 어떤 사람이야"라는 평가가 그 사람의 전체를 나타낼 수 있을까?

어느 곳이든 마찬가지겠지만 우리 직장도 '세평'이라는 말로 사람을 평가하는 시스템이 매우 발달되어 있다. 지금 근무지로 오기 전에 나도 그 '세평'을 통해 갖가지 정보를 수집했었다. "○○은 이런 면이 있으니 조심해라", "○○은 너에게 도움을 줄 만한 사람이다" 등등. 사람을 만나기 전부터 그 정보들로 인하여 나도 모르게 사람을 단정해버렸다.

요즘엔 그런 평가들이 별 의미 없이 느껴진다. 막상 겪고 보니 도움받을 것 같은 사람이 기대만큼은 아니고, 오히려 조심하라는 사람에게 예상치 못한 배려를 받기도 하면서 내가 세운 시스템이 붕괴가 됐다. 한 발자국 옆에서 보니 다들 가정과 자녀들을 걱정하고 일상의 소소함에 일희일비하는 평범한 사람에 지나지 않았다. 물론 개인적 특성이 위기 상황에 본능적으로 발휘될 때도 있지만 거의 본 적은 없다.

언제부터였을까. 아니, 사회생활을 본격적으로 시작하면서부터 나 자신을 완전히 드러내는 것에 대한 두려움이 생겼다. 최대한 말은 조심하고 나의 약점이 될 수 있는 개인적 특성은 어지간하면 보여주지 않았다. 그래서 '세평' 시스템에 나에 대한 평가는 '무난하다'인 것 같다. 그러한 평가 덕분에 덕을 본 일도 많았지만 깊은 관계를 맺는 부분에서는 늘 아쉬움이 남는다. 내가 나를 드러내는 만큼 상대방도 다가오는 것 같다. 그래서인지 만나면 늘 반갑고 좋지만 딱 그 정도만큼의 관계인 것도 같고. 어찌 보면 지금 있는 곳이 나에게는 편할 수도 있다. 개인적 특성은 최대한 지우개로 빡빡 지워야 하고 나를 드러내지 않는 것이 도움 된다. "모난 돌이 정 맞는다"라는 표현이 딱 맞는 곳이다. 그런 사람이 모여 있기도 하고, 몸가짐에 조심스러움이 느껴진다. 그 이면을 들여다보면 개인적 특성이 발현될 때 철저히 무시될 수 있다는 말이기도 하다.

요즘 동료 하나가 눈에 밟힌다. 하루하루 지쳐가는 모습이 보인다. 시스템의 특성상 어디에 말하지도 못하고 혼자 감내하는 것 같다. 톱니바퀴처럼 굴러가는 이곳에서 그런 모습은 금방 도드라진다. 다들 나처럼 그 상황을 인지하고 있을 것이다. 표현하기도, 그 표현을 받아내기도 난해한 상황의 연속이다. 계속 마음이 불편한 채로 있을 순 없다. 언제든 기회를 봐서 커피 한잔이라도 해야겠다. 이런 말 한마디 쉬이 주고받기 어려운 상황이 구슬프기도 하지만 그 물에 그냥 흘러가고 싶지는 않다.

백세시대, 뭐 먹고 살지?

얼마 전부터 백세시대란 말이 유행이다. 그와 연관된 건강식품, 운동법, 노후상품 등을 인터넷에서 어렵지 않게 찾을 수 있다. 보험회사 교육팀에 근무하는 친구는 우리 세대부터 백 세까지 살 것이라고 단언했다. 통계 수치까지 들먹이며 확신에 찬 목소리를 폭풍우처럼 쏟아내는데, 공포가 밀려왔다. 오래 사는 기쁨보다는 뭘 먹고 살지에 대한 두려움이 컸다.

벌써 마흔 중반이다. 끽해야 10년 정도 회사를 더 다닐 수 있으려나. 친구 말이 맞으면 퇴직 후 40년은 먹고 살 걱정을 해야 한다.

1년에 한두 번 퇴직한 선배들과 만난다. 입사 후 첫 부서에서 만난 인연이 벌써 10년을 넘었다. 몇몇 선배는 퇴직 후 자영업 등 경제활동을 하였으나 모두 그만두었다. 큰 손실을 본 분도 있었다. 한결같이 하는 말이 지금부터 준비하라는 것이었다. 예전에 보았던 어느 드라마 대사가 떠올랐다.

"회사 안은 전쟁터지만… 맞아, 밖은 지옥이었어."

끊임없이 불평을 쏟아내지만, 어쩌면 지금이 행복한 순간일지도 모른다.

얼마 전 모임에서는 친구의 퇴직 소식을 들었다. 회사가 합병되었는데, 재무팀에 근무했던 사람을 지방 공장 관리직으로 발령 냈다. 그곳에 가서 악착같이 버텨보려고 했지만, 결국 사표를 낼 수밖에 없었다. 축 처진 어깨가 그날따라 가냘파 보였다. 자격증이라도 준비해보겠다며 애써 웃음 짓는 모습에 마음이 짠했다. 그는 우리 중에 취업과 결혼도 가장 먼저 하고, 늘 자신감이 넘쳤었다. 내 모습이 될 수 있다는 생각에서였을까, 그날따라 다들 말없이 술만 들이부었다.

미래를 준비하기에는 현실이 괴로웠다. 하루 중 대부분의 시간을 보내는 회사에선 치고 올라오는 후배와 까마득한 선배 사이에서 압사 직전이다. 월급 통장에 찍히는 숫자는 쥐똥만큼 오르는데, 아이들 학원비는 코끼리똥처럼 불어났다. 승진도 팍팍 해서 조금이라도 돈을 더 벌고 싶은데 능력이 뛰어나나, 그렇다고 처세술이 뛰어나나. 그저 한숨만 나올 뿐이다. 지금 할 수 있는 것이라곤 버티는 방법밖에.

사실 눈길 가는 직업이 있긴 하다. 숲 해설가라고, 자연을 돌보고 찾아온 사람들에게 그 소중함을 설명하는 직업이다. 도시에서 나고 자랐으면서 나이가 들수록 풀, 나무, 숲 내음이 그립다. 아내는 도시를 떠나고 싶지 않다고 했다. 복잡한 이곳이 뭐가 그리 좋은지. 퇴직 후에 산에서 지내면서 글도 쓰고 일도 하면서 지내면 어떨까. 산속에 홀로 들어가 야생의 삶을 살아가는 아재들의 이야기에 왜 열광하는지 알 것도 같다.

퇴직 후에 뭘 먹고 살지는 모든 직장인의 화두이다. 현실에 치여 넋 놓고 있다가 진짜 손가락을 빨 날이 올지 모른다. 갑자기 마음이 급해진다. 오늘따라 처리할 일은 계속 쌓인다. 눈앞에 산더미처럼 놓인 서류 뭉치를 정리하며 굳게 다짐했다. 그래, 내일부터는 책도 사고 공부도 시작해야겠다.

벌써 시간은 밤 10시가 다 되어간다. 한없이 감기는 눈을 부여잡고 퇴근 준비를 서둘렀다. 좀 전의 사자 같은 담대함은 상온의 얼음처럼 녹기 시작했다. 아니야, 힘을 내야 해. 나는 할 수 있어. 아니, 모르겠어. 자신 없는걸. 정신 차려 신계장. 고개를 이리저리 흔들며 지하철역으로 터벅터벅 걸어갔다.

여섯 번째,
작가 실배의 생각

의미 없는 카톡 친구 목록

어디쯤이었더라. 곧 결혼을 앞둔 친한 형의 카톡방을 찾느라 한참을 헤맸다. 그사이 우리가 서로 연락이 뜸하긴 했구나. 열심히 친구 목록을 내리다 보니 중간 어디쯤에 그가 있었다. 형에게 축하 인사를 건네고 모바일 청첩장을 받았다.

문득 찾아온 호기심에 채팅 목록을 살펴보았다. 일로 인하여 주고받은 공적인 대화, 가까웠지만 이제는 연락이 끊긴 지인과의 대화, 예전에 참여했던 글쓰기 모임, 한때 열을 올렸던 동네 탁구 동호회 소식 등, 내가 살아온 발자취가 보였다. 다들 어딘가에서 치열하게 하루를 살아내고 있겠지.

목록에는 채팅방보다 훨씬 많은 인연이 한쪽 구석에 방치되어 있었다. 'ㄱ'부터 '#'까지 스크롤의 압박은 끝이 없었다. 간혹 프로필에 다른 얼굴 사진이 놓여 있는 것을 보니 몇몇은 연락처가 바뀐 것 같다. 신기한 점은 목록의 이름만으로도 하나하나 지나간 추억이 떠오른다는 것이다.

프로필 메시지는 '답장이 느립니다', '카톡 못 봐요 문자 주세요'라는 짧은 한 줄만으로도 나의 상태를 대변하고, 이해 불가한 문자의 나열로 복잡한 심경을 드러내기도 했다. 배경 사진만으로 결혼했구나, 아이가 생겼구나, 외국에 살고 있구나를 단박에 알 수 있었다. 직접 보고 듣지 않아도 타인의 소식을 미루어 짐작해 알 수 있는 편리한 세상이다.

그만 봐야겠다. 이런 의미 없는 행동을 왜 하나 싶다. 몹쓸 호기심이다. 서둘러 핸드폰을 닫았다. 그보다는 친구들이 보고 싶었다. 친구 목록이나 채팅방에서만 살아 숨 쉬는 것이 아닌 진짜 친구 말이다. 코로나19 때문에 친구들과 몇 달을 미루고 미루다가 이번 주에 약속을 잡았는데 사회적 거리 두기 강화로 취소되었다. 다음 주에 있을 친한 형의 결혼식에도 갈 수 있을지 의문이다. 그저 연락하면 만날 수 있었던 시절이 불과 얼마 전이었는데, 이런 급격한 변화에 피로감이 쌓인다. 많이 바라는 것도 아니다. 그저 삼겹살에 소주 한잔하면서 삶을 나누고 싶을 뿐이다. 아쉬운 마음을 저녁에 운동장이나 뛰면서 덜어내야겠다.

이제는 정리해야 할까…. 의도든 아니든 그냥 남겨 두었다. 정리를 못하는 내 모습 같기도 하다. 어떻게 목록을 정리해야 하나 싶어서 검색해보니 이름만 꾹 누르면 되었다. 뭐야, 쉽잖아. 해제, 변경, 숨김, 차단 등 다들 비슷해 보이는 방법들이 있었다. 그중에서 '숨김'이 마음에 들었다. 목록에서 정리가 될 뿐이지 그 사람에게서 메시지를 받을 수는 있었다. 영원히 볼 수 없는 '차단'은 싫었다. 그러면 왠지 슬프잖아.

누군가 배경에 적어둔 글이 마음에 남아 남겨본다.

"인맥이란 핸드폰에 저장된 사람 수가 아니라 자신을 응원하는 사람을 말한다."

그럼, 내가 남겨둔 목록은 모두 나를 응원하는 사람들일까?

행복의 조건

며칠 전 회사에서 친한 후배가 둘이서 점심을 먹자고 했다. 함께 식사하던 중 갑자기 후배가 질문을 던졌다.

"계장님, 행복의 조건은 뭐라고 생각하세요?"

뜬금없는 질문에 당황했다. 순간 말문이 막혔다. 질문한 이유를 물어보니, 행복의 조건에 대해서 글을 쓰고 있는데 조언을 구하고 싶다고 했다.

밥 먹던 숟가락을 내려놓고, 골똘히 생각에 빠졌다. 먼저 나에게 있어 행복의 조건은 무엇일까를 떠올려 보았다. 좋아하는 일을 하는 것, 좋은 사람을 만나는 것, 좋은 취미활동을 하는 것 등 몇 가지가 떠올랐다. 후배는 죽음의 문제를 해결하는 것이 행복의 조건이라고 생각했다. 역시 독실한 기독교인다운 생각이었다. 인간은 태생적으로 죽음에 대한 공포를 갖고 있고, 그 문제를 해결하지 못하여 불행에 빠진다는 것이었다. 물론 나도 기독교인이지만, 행복의 조건 전부를 죽음과 결부시키는 것에는 동의하고 싶지 않았다. 누군가는 죽음의 공포를 생각할 여력조차 없이 하루를 힘겹게 살아가고 있지 않은가. 어쩌면 행복의 조건은 상대적인 것 같다.

행복에 관한 이야기를 나누다 보니 과연 행복이라는 것이 존재는 하는가 싶은 철학적 사유로 점점 빠져들었다. 둘 다 삶은 살면 살수록 더 고통스럽다는 것에 동의하였다. 이런 고통스러운 삶에 '행복'이라는 허상조차 없다면 살아질 수 있을까. 혹시 상상 속 동물 같은 '행복'에 대해서 인간이 열심히 의미를 부여하며 살아가는 것은 아닐까. 그러나 후배는 계속 죽음의 문제를 행복의 조건에 넣고 싶어 했다. 나도 중요한 부분이라는 것에 동의하였고, 대신 후배에게 사람들의 다양한 의견을 들어보라고 권유했다. 차라리 행복의 조건을 결정 짓는 것보다 행복이라는 것이 무엇인지를 찾는 것이 나아 보이긴 했지만.

퇴근 후 집에 와서 아내에게 후배와 있었던 일을 이야기했다. 나는 궁금해졌다. 과연 아내에게 행복의 조건은 무엇일까.

"여보, 행복의 조건은 뭘까?

"당연히 돈이지. 돈이 있어야 우리 애들 교육도 더 잘할 수 있지. 내가 요즘 애들 학원비 때문에 골머리 썩는 거 안 보여? 돈은 쥐꼬리만큼 벌어 와서는 행복 타령이야."

왜 갑자기 행복의 조건에서 내 월급 이야기로 빠질까. 왠지 큰 불똥이 튈 것 같아서 서둘러 대화를 종료하고 방으로 피신했다. 열심히 숙제하고 있는 아들 옆에서 허탈함에 빠졌다. '오늘 회사에서 후배와 나눈 그 철학적 사유들은 다 무엇이란 말인가. 결국, 행복의 조건은 돈이었던 것인가.' 강력히 부정하고 싶었으나 마음처럼 되지 않았다. 아내의 말처럼 돈이 많다면 당장 행복해질 수 있는 것들이 참 많다. 좋은 집, 좋은 차, 좋은 교육 등등. 하지만 소심한 저항이 하고 싶어졌다. 마음속에 확성기를 켰다.

'세상에는 돈 말고도 중요한 것이 많고, 나처럼 돈에 대한 개념 없는 인간들도 나름 행복하게 잘 살아가고 있다고! 임금님 귀는 당나귀 귀다!'

늦바람

계획했던 두 달간의 온라인 매일 글쓰기가 끝났다. 긴 한숨이 내 입을 타고 나왔다. 유독 힘들었다. 회사 일이 바빠지면서 연일 야근에 시달렸고 체력이 바닥을 쳤다. 막판에는 글감이 떠오르지 않아 꾸역꾸역 글을 썼다. 발행을 누르는 손가락이 몹시 부끄러웠다. 그 기간 동안 나에게 수도 없이 물었다. 나는 왜 이렇게까지 글을 쓰고 있는가?

나이 마흔이 넘어 처음 글을 만났다. 첫 글쓰기 수업에서 나를 옥죈 모든 것을 벗어 버린 듯한 해방감을 느꼈다. 늘 직장에서 신계장, 집에서 신재호란 이름으로 살아왔다. 점점 나를 잃어가는 것은 아닌지 두려웠다. 내 심장은 여전히 팔딱팔딱 뛰고 있는데.

글쓰기 수업을 마친 후 글을 쓰고 싶은 욕구를 참을 수 없었다. 무작정 블로그를 개설하고 '실배'란 필명으로 글을 쓰기 시작했다. 이곳에서는 누구 눈치 볼 것도 없이 마음껏 나를 드러냈다. 얼마나 맛깔나는지 갓 구워낸 뜨거운 화덕피자 맛도 나다가 냉동실에서 막 꺼낸 시원한 죠스바 맛도 났다. 2019년 1월 1일, 매일 글을 쓰겠다는 거창한 목표를 세웠다. 아무도 모르는 나 혼자 하는 나만의 약속이었다. 일상을 글에 담으며 봄바람처럼 살랑거렸다. 그 변화는 주변에서도 눈치챌 정도였다. 아내는 무슨 좋은 일이 있냐며 의심의 눈길을 보냈다. 결국, 글쓰기를 고백할 수밖에 없었다. 그날부로 아내와 아이들은 든든한 지원군이요, 훌륭한 글감이 되었다. (아들은 자기를 그만 팔라며 틈만 나면 협박 중이다.)

나 홀로 글쓰기를 이어가던 중 우연히 온라인 글쓰기 모임을 알게 되었다. 슬쩍 들어가 보니 모두 여성이요, 엄마였다. 그 틈바구니 속에서 솔직하게 드러낼 수 있을까, 혹여나 내가 쓴 글이 그들에게 불편감을 주면 어쩌지…. 나는 여전히 X와 Y이라는 성안에 갇혀 있었다. 주변을 살펴보아도 블로그에 글을 쓰는 남자는 없었다. 눈에 불을 켜고 직장에서 성공을 좇고, 주말이면 커다란 가방을 메고 필드에 나가 골프를 치거나, 술로 과거를 추억할 뿐이었다. 그런 의미에서 나는 별종이었다.

이미 글에 환장한 상태라 앞만 보고 전진했다. 글쓰기 리더분에게 남자도 참여 가능한지 물어보았고, 괜찮다는 답을 얻었다. 어디에서 그런 용기가 나왔을까. 지금 생각해보아도 이해 불가다. 처음 글을 쓰기 전에 글의 방향을 정했다. 이 시대를 살아가는 남성으로서 갖는 아빠, 남편, 아들에 대해 진솔하게 써보자. 그리고 하나 더, 실배의 눈으로 바라보는 세상을 써보자였다.

본격적으로 글을 쓰기 시작해보니 나의 걱정은 기우였다. 글벗들은 적극적으로 내 공간에 방문해서 따뜻한 댓글을 남겨 주었다. 내 글을 통해 남편을 좀 더 이해하게 되었다는 말에 힘을 얻었다. 나 역시도 그분들의 솔직한 글을 읽고 아내의 마음을 알게 되었다. 진정한 소통이었다.

1년이 훌쩍 넘는 시간 동안 많은 만남과 헤어짐이 있었지만, 지금까지 매일 글에서 만나는 글벗도 생겼다. 남자, 여자, 아내, 남편, 아빠, 엄마 등 가슴에 붙은 명찰에서 벗어나 오롯이 글을 쓰는 사람으로서 찐한 우정을 나눈다. 가끔은 글벗들과 비슷한 주제의 글을 쓸 때가 있다. 그럴 때면 삶은 어찌 보면 거기서 거기가 아닌가 싶다. 그 안에서 어떻게 세상을 바라보고 해석하느냐에 따라 달라지는 것이 아닐까. 내가 닿을 수 없는 글벗의 글을 통해 나도 조금씩 성장하는 것을 느낀다. 우리는 오늘도, 내일도 글에서 만날 것이다.

글을 쓰며 세상을 아름답게 바라보는 마음이 생겼다. 오늘 내가 살아가는 삶 모두가 내 글에 담길 글감이기 때문이다. 하루가 켜켜이 쌓여 조그마한 동산이 되었다. 열심히 기록해서 거대한 한라산처럼 만들고 싶다. 지금처럼 매일매일 쓰다 보면 그렇게 되지 않을까.

처음엔 색안경을 끼고 보았던 주변 사람들도 이제는 좋은 시선으로 바라봐 준다. 언제 찾아보았는지 슬쩍 글에 대한 피드백을 주기도 한다. 한번 써볼까 하는 사람에겐 적극적으로 글쓰기를 권한다. 정말 너무 좋은데, 어떻게 표현할 방법을 모르겠다. 직접 써보면 그 맛을 알게 되겠지.

늦게 배운 도둑질에 날 새는 줄 모른다고, 마흔 넘어 시작한 글쓰기에 푹 빠져 있다. 최근에는 꾸준히 온라인 글쓰기를 해온 글벗들끼리 모여 다섯 가지 주제로 에세이 쓰기를 시작했다. 매주 제출하는 글에 대해 피드백도 주고받고 퇴고도 한다. 그중 어떤 분은 출간을 앞두고 있고, 다른 분은 시민기자가 되어 기사를 발행한다. 그저 쓰기만 했는데, 점점 영역이 확장되고 있다. 나 역시도 조금씩 마음 안에서 꿈을 키워가고 있다. 그 끝은 아무도 모르지만, 꿈이 있다는 것만으로도 가슴 벅차다.

이렇게 테이블에 앉아 나만의 노트북에 글을 쓰는 이 순간이 나는 참 좋다.

마흔은 초가을이다

가을이 시작되었다.

초록의 자리는 조금씩 붉고 노란빛에 양보한다. 짙은 파란색 하늘은 자꾸 발걸음을 밖으로 향하게 만든다. 어디 아무 곳에라도 누워 솔솔 불어오는 바람에 가을을 느끼고픈 마음이 간절하다.

계절로 따지면 지금 내 삶은 가을쯤 되지 않을까. 겨울만 남은 것이 못내 아쉽긴 하지만 이 계절이 좋은 것은 부인할 수 없다. 젊음을 주체 못 했던 봄과 여름 시절엔 가을이 찾아온 지금의 내 모습을 상상이나 했을까. 각자의 계절에 맞추어 참 열심히도 살았다.

【봄의 씨앗이 이제 막 싹트는 시절】

십대 시절에는 '꿈'에 관한 이야기를 많이 들었다. 커서 무엇이 될래, 어떤 직업이 좋다더라, 너는 이걸 하면 좋겠다 등등. 그런 말은 마음속에 커다란 구멍을 만들어 종일 구름 위에 뛰놀게 했다. 고2 때 갑자기 조종사가 되는 꿈을 꾸고 수능 준비를 접고 공군사관학교 준비를 시작한 무모함도 그때여서 가능했다. 비록 시험에 떨어졌지만, 다른 길을 찾아 나갔다. 봄의 씨앗은 후퇴가 없다. 열심히 싹을 키워 언젠가는 꽃 느낌이 날 때를 고대한다. 고3 수능을 마치고 친구와 둘이 즉흥적인 여행을 떠났다. 푸른 바다를 실컷 보고 돌아오는 기차 안에서 차창 너머로 비친 논두렁을 바라보며 이제는 봄이 끝났다는 것을 실감했다.

【한여름에 내리쬐는 햇살보다 뜨거운 시절】

어두컴컴한 독서실 복도를 지나 맞이한 오색빛깔 캠퍼스는 긴 기다림을 보상받기에 충분했다. 캠퍼스라는 거대한 수호신 아래에서 마음껏 젊음을 뽐냈다. 잔디밭 중앙에서 막걸리를 마시며 수업도 잊은 채 개똥철학을 쏟아냈다.

뭐라도 된 듯 우쭐대던 시기는 오래가지 못했다. 슬슬

자유로움이 지루함으로 다가올 때 풋풋한 연애를 시작했다. 불타오를 줄만 알았지, 기다리고 이해하고 배려하는 마음이 서툴렀다. 몇 번의 진한 실패 끝에 손에 쥔 건 입대 영장이었다. 논산 훈련장 바로 앞의 냉면집에서 친구가 건네준 전화기 너머로 들리는 어머니의 목소리에 바보처럼 엉엉 울었다. 2년의 세월은 낯섦의 연속이었다. 일면식도 없는 사람과 살과 살을 부대끼며 지내는 것은 처음 맞은 불편함이었다. 극한의 경험이 삶의 자양분이 되었음을 부인할 순 없다.

제대 후 복학해서부터 자발적 '열심'이 발동했다. 이제 미래는 꿈꾸는 것이 아닌 코앞의 현실이었다. 상담 공부가 어울릴 것 같다는 선배의 한마디에 취업에서 유턴해서 상담대학원에 진학했다. 남들보다 한 발자국 뒤에서 시작했다. 처음으로 누군가의 강요가 아닌 내가 원한 공부는 재밌어서 시간 가는 줄 몰랐다. 졸업 논문을 쓸 무렵에 도와주던 후배와 연애를 시작했다. 가난한 대학원생이란 현실적인 고민은 오히려 사랑에 불을 붙였다. 졸업과 동시에 조그마한 상담 센터에 취업이 되었다. 박봉에 집도 절도 없는 나와 여자 친구는 결혼을 결심했다. 그녀는 그 어느 때보다 뜨거운 이십대 아가씨였다. 불구덩이에 뛰어든 나방처럼 무모했다.

【영원할 것 같았던 뜨거움이 저 멀리서 불어오는 선선한 바람에 사그라진 시절】

조그마한 성냥갑 같았던 신혼집에서 결혼생활이라기보다는 소꿉장난을 시작했다. 30년이 다 되도록 부모 울타리 안에 있던 우리는 드디어 독립을 맞이했다. 그저 한 공간에 있는 것만으로도 좋았다. 그러나 그 해방감도 그리 오래가지 못했다. 누가 결혼을 황금빛으로 포장했단 말인가. 철저한 불교 집안과 더욱 철두철미한 기독교 집안의 만남은 시작부터 삐걱댔다. 종교 문제, 제사 문제, 고부 문제 등 결혼은 결코 둘만의 이야기가 아니었다. 갈등이 절정에 오를 무렵 아내가 임신했다. 주저 없이 복덩이라 칭했다. 임신은 그 어떤 문제도 묻어버린 초강력 무기였다. 그와 동시에 어깨는 거대한 돌덩이를 얹어 놓은 듯 무거웠다. 결국 '상담'이라는 꿈을 접고 '공무원'이 되었다.

첫째의 출산과 동시에 직장을 그만둔 아내에겐 산후우울증이 찾아왔다. 온종일 아이와 보내는 생활은 행복과 불행이 교차하는 동전의 양면과도 같았다. 아내의 안정을 위하여 처가살이를 결정했다. 삼십대엔 부모가 되는 연습을 통하여 어른이 되어갔다. 만만찮은 직장 생활, 고된 육아, 아내의 재취업, 둘째 임신과 출산, 더욱 고된 육아 등, 숨 쉴 틈 없이 흘러갔다. 토요일에도 출근하는 아내로 인하여 회사에 급한 일이 생기면 한 손으론 첫째를 잡고 다른 손으론 둘째 유모차를 끌고 나갔다. 아이들이 커갈수록 점차 안정을 찾아갔다. 어느새 불같이 뜨거운 마음은 선선한 바람 속에 서서히 사그라들었다.

【그림같이 파란 하늘을 바라보며 크게 한숨짓는 시절】

삼십대의 안정은 사십대를 기대케 했다. 언제나 삶은 원하는 방향으로 흘러가지 않았다. 사십대의 문턱에 들어설 무렵 숨이 턱하고 막혔다. 열심히 앞만 보면서 달려왔는데, 살아온 삶 자체가 무의미하게 느껴졌다. 몸은 여기저기 조금씩 고장 나기 시작했고, 챙겨 먹는 약도 점점 늘었다. 이제 직장에서 중간 이상쯤 되고 보니 부담감만 높아졌다. 회사에 있는 시간이 늘어난 만큼, 가족과의 시간은 줄어만 갔다. 아이들은 어느새 아내의 일정에 맞추어 집과 학원을 오갔다. 가끔 명한 표정으로 하늘을 바라보며 한숨짓던 아버지가 떠올랐다. 그때는 몰랐던 아버지의 마음을 이제는 조금 알 것 같다. 무언가 돌파구가 필요할 무렵 책과 글쓰기를 만났다. 이상하게 바라볼 것 같아서 회사에서는 비밀로 했다. '실배'란 필명으로 매일 글쓰기와 독서모임을 시작했다.

삶을 기록하면서부터 돌아볼 여유가 생겼다. 지금까진 직장에서의 성공과 좋은 남편, 아빠가 되는 것이 전부였다. '나'에게 초점을 맞춰보니 조금은 세상을 넓게 바라보게 되었다. 그것은 내가 나를 사랑하는 과정이었다. 누군가의 무엇이 아닌, 오롯이 나에게 초점을 맞추니 허무한 마음도 눈 녹듯 사라졌다. 이 시기가 그렇구나… 늦게나마 찾아서 정말 다행이었다.

초가을을 맞이한 지금, 이제는 가을의 문턱을 넘어 겨울을 준비할 시간이다. 마냥 추운 겨울을 맞이하지 않기 위해서 마음을 단단히 먹어야겠다. 그 시기를 살아보지 않아서 분명 시행착오를 피할 수 없겠지만, 적어도 지금의 단단한 모습으로 조금만 흔들리고 싶다.

마흔은 내가 좋아하는 계절과 닮았다. 시원한 바람과 높고 파란 하늘 아래 점차 그 색이 짙어지는 단풍처럼 인생의 전환점을 맞았다. 이제는 피하지 않고 당당하게 이 계절을 즐겨 보련다.

행복을 물으면 눈물이 답한다

"너는 언제 가장 행복해?"

불쑥 튀어나온 질문에 그의 눈빛이 진동 초처럼 흔들렸다. 쉽사리 입을 떼지 못했다. 눈가 주변이 붉게 물들었다.

"형님… 잘 모르겠어요. 그냥 사니깐 사는 것 같고요. 아, 눈물이 날 것 같네요."

점심때 회사 동기와 산책을 한 후 잠시 카페에 앉아 커피를 마시고 있었다. 이야기는 흘러 흘러 행복이란 주제에까지 다다랐다. 그래, 맞아. 사니깐 사는 거지. 천천히 동기에게 내 이야기를 시작했다.

마흔이 넘은 어느 날에 길을 가다가 숨이 멎을 것 같았다.

뜻 모를 눈물이 두 뺨을 타고 흘렀다. 살아온 인생이 허무했다. 나, 참 열심히 살았는데 왜 이러지? 살아갈 날들조차 의미 없게 느껴졌다. 그때였던 것 같다. 행복한 순간을 떠올려 보았다. 결혼했을 때, 직장에 합격했을 때, 아이가 태어났을 때 등등. 그때였다. 눈앞에 책이 한 권 보였다. 책을 펼치고 미친 듯이 읽었다. 그때의 기분을 뭐라고 표현할 수 있을까…. 어깨를 짓누르고 있던 짐이 스르륵 사라지고 해방감을 느꼈다. 그래, 이거야. 어릴 때 용돈 받으면 한걸음에 책방으로 달려가 책을 읽던 추억이 떠올랐다. 무작정 인터넷으로 독서모임을 검색했다. 마침 회사 근처에 독서모임을 하는 곳이 있었다. 갈수록 커지는 내향성으로 새로운 사람을 만나기가 쉽지 않은데, 어떻게 용기를 냈는지 모르겠다.

독서모임에 참여하는 첫날, 마치 신입생으로 돌아간 것처럼 긴장되었다. 다행히 독서모임 대표님과 회원들이 친절하게 맞이해주었고, 점차 자리를 잡았다. 그 시간이 벌써 3년이 다 되었다. 이제는 모임에서 편하게 내 모습을 드러낸다. 더는 새로운 사람을 만나는 것도 두렵지 않다.

우연히 독서모임에서 진행하는 글쓰기 수업도 참여하게 되었다. 글쓰기는 마치 상담과도 같았다. 솔직한 마음을 글에 담아내야 공감을 얻을 수 있었다. 처음에는 글쓰기를 숨겼다. 나이 마흔이 넘어 주책이란 소리를 들을 것 같아 신경 쓰였다. 하지만, 어느 순간 내 글을 세상에 내밀었고, 주변 사람들의 좋은 반응에 용기가 생겼다. 어느덧 친한 친구들과 선배 모임에서 글 쓰는 사람으로 각인되었다.

글과 책을 만나며 내 삶은 어느 때보다 풍성해졌다. 더는 삶이 허무하게 느껴지지 않았다. 봄에 싹트는 씨앗처럼 생기가 온몸 가득 돌았다. 지금도 꾸준히 독서모임에 참여하고 있고, 2년째 매일 글쓰기도 실천 중이다.

묵묵히 내 이야기를 들은 동기의 얼굴에 당황한 빛이 역력했다. 하긴, 회사에서는 누구에게도 해본 적 없는 이야기였다. 이내 구겨진 얼굴이 환한 햇살처럼 펴졌다. 그리곤 본인도 한 가지 떠오른 것이 있다고 했다. 성경에 있는 말씀을 많은 사람에게 들려줄 때 행복하다고 했다. 사실 국외 연수를 선교 지역으로 가고 싶었는데 용기가 나지 않았다고 했다. 다시 영어 공부를 시작해야겠다는 말에 희망이 잔뜩 담겨 있었다. 그 말을 듣고 얼마나 기뻤는지 모르겠다. 진즉부터 그쪽에 관심과 재능이 있다는 것을 알았음에도 선뜻 말하기 어려웠다. 혹여나 오지랖은 아닐까 조심스러웠던 거다. 동기 스스로 입을 뗀 순간, 무한대 응원을 보냈다. 충분히 해낼 수 있는 능력을 알기에.

동기와 헤어지고 사무실로 향하는 길에 선선한 바람이 얼굴을 간질였다. 어느덧 가을이 성큼 다가왔다. 주변이 새로운 계절 맞을 준비를 하는 동안 여러 생각이 교차했다. 만약 그때 책과 글쓰기를 만나지 못했으면 어쩔 뻔했나. 그대로 그 자리에 주저앉고 말았겠지. 이제는 일상처럼 되어버린 소중한 친구들이 새삼스레 고마웠다. 덕분에 더는 마흔을 눈물 속에 보내지 않을 수 있었다.

마흔은 누구나 맞이한다. 삶의 중간쯤 달려온 이 시기엔 무언가 전환점이 필요하다. 그중에서도 책과 글쓰기를 추천한다. 읽고 기록하는 사이에 전과 다른 삶이 펼쳐질 것이다. 혹시나 해보고 아니라면, 항의 글을 보내주길 바란다. 물론 그럴 일은 절대 없겠지만.

갱년기를 마주하다

퇴근하고 집에 오니 아들은 고개만 까닥거리고 만다. 욕실에 들어가 씻고 나오니 검은 공 하나가 날아와 내 복부를 강타했다. "아이코!" 하는 비명이 절로 나왔다.

멀리서 아들이 머쓱한 표정을 짓더니 이내 아무렇지도 않은 듯 공을 벽에다 찼다. 주체 못 할 분노의 감정이 저 아래서부터 차올랐다. 버럭 아들에게 고함을 질렀다. 아들은 그 모습에 놀랐는지 흠칫했다.

"몇 번을 말해야 알겠어! 아빠가 집에서 공 차지 말라고 했지. 한 번만 더 차봐, 가위로 공을 다 잘라버릴 거니까!"

아들은 불만 가득한 눈빛을 보이더니 방문을 쾅 닫고 사라졌다. 이 녀석이! 따라 들어가려는데 아내가 말렸다. 그리

곧 씩씩대는 나를 테이블에 앉혔다.

"여보, 요즘 왜 그래? 별일 아닌 일에 계속 화내고 말이야. 민주가 국어 시간에 써온 글 좀 봐봐. 아빠는 맨날 짜증만 낸다고 하잖아. 갱년기도 아니고…."

갱년기. 주로 44세에서 55세 사이에 대체로 발생하고 자주 발작성 흥분(공감된다), 안면홍조(그러고 보니 얼굴도 붉은 것 같다), 현기증(종종 어지럽다), 불면증(그래서 잠을 못 잤나 보네), 정신장애(아직은 아니다) 등을 겪는다. 머나먼 우주만큼 떨어져 있는 존재라 생각했는데 지금 눈앞에 다가왔다. 아내가 주고 간 딸의 노트를 읽어보았다.

> 우리 아빠는 짜증 대마왕이다. 맨날 치우라고 잔소리한다. 다른 사람한테는 말도 예쁘게 하면서 우리한테만 뭐라 한다. 제발 아빠가 화를 그만 냈으면 좋겠다.

그렇게나 짜증을 많이 부렸나, 대마왕이라니. 정말 갱년기가 맞나 보다. 전 같으면 그냥 넘어갈 일도 버럭 화를 낸다. 며칠 전에 큰맘 먹고 진행한 인테리어에 문제가 생겼다. 업체에서 냉장고 크기를 잘못 측정해서 부엌 안쪽으로 넣을 수가 없었다. 거대한 냉장고는 어중간하게 자리 잡아 이러지도 저러지도 못하고 있었다. 회사에 있는데 아내에게서 연락이 왔다. 인테리어 사장님이 오셔서 공사를 다시 해야 하니 견적을 받아주겠다고 했단다. 일을 잘못한 것에 대한 사과는커녕 견적을 다시 받겠다니. 아내에게서 연락처를 받아 곧바로 업체에 전화했다.

인테리어 업체 사장님은 잘하려고 그런 일이니 이해해 달라는 말만 반복했다. 뚜껑이 열린다는 표현이 이럴 때 쓰는 말이라는 것을 몸소 체감했다. 나는 여과 없이 분노를 쏟아냈다. 하자 보수이기 때문에 추가 비용은 낼 수 없다고 단호하게 이야기했다. 상대가 적잖이 놀란 것을 수화기 너머로도 느낄 수 있었다. 사장님의 알겠다는 확답을 듣고 전화를 끊었다. 정신을 차리고 보니 사무실 복도였다. 얼마나 큰소리를 냈는지 지나가는 동료들이 이상한 눈빛으로 쳐다보았다.

회사에서 감정을 표출한 것이 처음이었다. 늘 억누르며 지냈다. 가면을 쓴 채 좋아도 웃고, 슬퍼도 웃고, 화나도 웃었다. 중년이 훌쩍 넘으니 감정도 마음대로 움직여지지 않는구나. 있는 그대로 표현하며 사는 것이 정신건강에 좋다지만 그렇게 행동할 수 있는 사람이 과연 몇 명이나 될까. 상자 속에 꾹꾹 눌러놓았다가 갱년기라는 이름으로 밖으로 모두 나와 버렸다. 괜스레 부끄러운 마음이 들어 고개를 푹 숙인 채 사무실로 들어갔다.

퇴근길에 어머니가 떠올랐다. 지금 내 나이 무렵의 어머니는 빨간 이불 속에 자주 누워 있었다. 학교 끝나고 집에 오면 힘없이 쳐다보던 흐릿한 눈동자가 잔상으로 남았다. 그때는 몸이 아픈 줄만 알았다. 지금 와서 생각해보면 갱년기 우울이었다. 아버지는 지방에 계셨고, 어머니 홀로 삼남매를 키우며 얼마나 외롭고 힘들었을까. 생기를 다시 찾기까지 꽤 많은 시간이 흘렀다. 어머니의 해결책은 동네 마실이었다. 명품 인테리어, 고전 가구, 선화 화장품 가게 아주머니와 친하게 지내면서 늘 세 곳 중 한 곳에 계셨다. 더는 빨간 이불 속에 누워 있지 않았다. 그분들과 수다를 떨면서 우울한 마음을 떨쳐내셨다. 한때는 어머니가 집에 안 계신 것이 불만이었는데, 그렇게라도 풀지 않았더라면 큰일이 날 수도 있었겠다 싶다.

그럼 나는 어찌하면 좋을까. 이제부터라도 마음대로 살아볼까? 아니다. 갑자기 사람이 변하면 큰일 난다고 했다. 짬짜면처럼 반만 표현하고 반은 참아보는 건 어떨까? 그것도 쉽지 않을 것 같다. 친구에게 말하기는 자존심이 상하고 아내에겐 조심스럽다. 어디 중년 아재의 마음을 풀어주는 갱년기 전문학원이라도 있으면 좋으련만. 어째 갈수록 세상이 어렵고 힘든지.

어차피 누구나 겪는 일이라면 고상하게 보내고 싶다. 내내 화만 내고 짜증만 부리면 나중에 슬플 것 같다. 조금씩 내 안의 목소리를 들어보면 어떨까. 인생의 절반쯤 왔으니 잠시 열차에서 내려 달려온 길도 뒤돌아보고 마음도 살피면서 말이다. "얼마나 화가 났으면 그랬을까. 괜찮아, 그럴 수 있어. 고생 많았어"라며 스스로를 다독이고 힘을 주는 것이다.

내가 나를 아끼고 많이 사랑해줘야겠다. 팍팍한 삶 속에서 우직하게 잘도 버텼네. 어쩌면 갱년기는 몸살처럼 잠시 쉬어가라는 마음의 신호일지도 모른다.

아, 테스형!
마흔엔 어떻게 살아야 돼?

오랜만에 열린 나훈아의 콘서트가 화제가 되었다. 노래도 노래지만 그가 남긴 메시지가 큰 주목을 받았다. 노 개런티로 출연해서 코로나에 지친 사람들에게 주옥같은 노래로 위로와 울림을 주었다. 그뿐만 아니라 사회에 거침없이 쓴소리를 하는 모습도 시원했다. 마치 집안의 큰 어른을 보는 것 같았다.

나는 그의 전성기를 잘 알지 못한다. 오히려 여러 여성과의 스캔들로 인하여 그리 좋은 이미지를 갖고 있지 않다는 게 더 솔직한 마음이다. 그럼에도 일흔이 넘은 나이에 그렇게나 정력적이고 당당하게 자기를 표출할 수 있는 건 부러움 한 가득이다. 뭔가, 세상의 이치를 깨달은 느낌이랄까.

마흔이 넘으니 이제 누군가에게 쓴소리든 좋은 소리든 들을 일이 줄었다. 사회적으로 중년 어른이라는 탈을 쓰고 있지만, 여전히 삶은 갈팡질팡한다. 어떻게 살아야 할까, 지금 제대로 가고 있는 것일까… 하루에도 몇 번씩 자문하지만 뾰족한 답이 없다. 누군가에게 이런 이야기를 하면 혹여나 이상하게 여기진 않을까 쉽사리 입이 떨어지지 않는다. 그런 이야기를 할 대상조차 찾기 어렵다.

이십대 시절엔 젊음을 무기로 여기저기 잘도 들이댔다. 마음이 답답할 땐 친구나 선배를 불러 하소연을 늘어놓았다. 그러다 불이 붙어 격한 논쟁도 벌어졌다. 우리는 가감 없이 서로에게 솔직한 감정을 쏟아냈다. 그렇게 부딪치고 깨지며 성장했다. 그때를 떠올리면 참 그립다. 설익은 포도처럼 시큼했지만, 마음껏 드러냈던 그 시절 말이다.

살아보니 점점 더 감정에 솔직해지기가 어려운 순간을 맞이한다. 중요한 선택을 해야 할 일이 수시로 찾아오고, 그 결정에 따라 가시밭이냐 꽃길이냐가 결정된다. 전 같으면 잘못 가도 다른 길을 찾아가면 되지만, 지금은 그럴 수 없다. 미루고 미루다가 더 이상 피할 수 없는 끝자락에 몰리면 어쩔 수 없이 선택을 한다. 그 순간은 늘 두려움이 온몸을 가득 감싼다.

이럴 때 테스 형이 옆에 있어 "야 인마, 똑바로 안 가?

너 자신을 좀 잘 알아라"라며 면전에 독한 말을 해준다면 정신이 번쩍 들 텐데. 대리 만족이라도 하고 싶어 요즘 나훈아의 〈테스 형!〉을 무한 반복 중이다. 그래도 아쉬운 마음에 불러본다.

"아! 테스 형. 세상이 왜 이래. 왜 이렇게 힘들어? 응? 답 좀 주라고!"

마흔이 되고 보니

나는 늙은 걸까, 젊은 걸까. 백세시대를 맞이해서 사십대는 참 애매한 나이 같다. 무언가 시도하기에는 늦은 것 같으면서도 포기하기에는 이르다. 회사에서는 어느새 후배들이 많아졌으나 그렇다고 확고한 상사도 아니다.

이십대 때는 사십대란 나이가 무척 커 보였다. 그때쯤 되면 뭐라도 근사한 사람이 되어 있을 줄 알았다. 삶도 안정적이어서 큰 고민 없이 하루를 보낼 수 있을 것 같은 기대를 했다. 막상 사십대가 되고 보니 반은 맞고, 반은 틀렸다. 분명 좋은 점은 있다. 취업과 결혼에 대한 불안은 해소되었지만, 여전히 하루살이처럼 기약 없는 삶을 이어가고 있다. 만약 로또가 된다면 모든 것을 그만두고 어디 한적한 곳에 가서 조그마한 독립서점을 운영하고 싶은 꿈을 꿔보지만, 실현 불가능하기에 냉가슴만 앓고 있다.

사십대에는 할 수 있는 일이 많을 줄 알았다. 그러나 막상 그 나이가 되어보니 할 수 있는 일이 오히려 줄었다. 잃을 것이 전보다 많기에 선뜻 나서기 어렵다. 겁은 얼마나 많은지, 행동하기 전에 몇 번이나 생각하고 생각한다.

한창 혈기왕성했던 초임 시절, 지금의 내 나이쯤 되었던 선배들을 보고 이해가 안 되었다. 매일 늦은 시간까지 회사에 남아 퀭한 눈으로 '어디 건수 없나' 두리번거렸다. 꿈도 희망도 없이 "나 때는 말이야"만 남발하는 모습에 속으로 꼰대라고 비난했었다. 시간이 흘러 그 나이가 되어보니 이제 조금은 알 것 같다. 그들도 처음부터 그러진 않았으리라. 세월에 깎이고 패여 몸부림쳐봤자 거기서 거기인 것을 깨달았을 뿐이다. 술자리에서 껄껄 웃던 모습 속에 숨겨둔 퀭한 눈동자가 술잔 사이로 떠오른다.

얼마 전에 유명한 연예인이 푸념하길, 아이가 아프면 아내가 그렇게 신경 쓰면서 자신이 아프면 아프냐고 말 한마디 붙여주지 않는다면서 서운하다는 글을 보았다. 그는 마흔이란 어디에도 위로받을 곳이 없는 애매한 나이라고 했다. 그 말에 무척 공감이 갔다. 속 시원히 털어놓으면 좋아지련만, 그 또한 약한 모습을 보이는 걸까 싶어 주저하게 된다. 친구들을 만나도 맘속 깊은 이야기는 밀어 넣은 채 술 한잔에 쓸데없는 이야기만 실컷 털어놓고 헤어진다. 이제는 누군가의 도움을 받기가 좀 그렇다. 스스로 해결해야 할 나이가 되었음에도 여전히 모르는 것투성이다. 그럼, 이대로 난파된 배 안에 있는 것처럼 서서히 가라앉아야 하는 걸까. 어느새 마흔 중턱에 다다랐는데 해답을 찾지 못했다.

그날도 늦게까지 야근하고 무거운 발걸음을 옮기던 중이었다. 거대한 아파트 위로 하얀 달이 수줍게 고개를 내밀었다. 늘 떠 있던 달이 유난히도 밝게 보였다. 뭐 그리 바쁘다고 하늘 한번 쳐다볼 여유 없이 지냈는지. 발걸음을 멈추고 오래도록 바라보았다. 생각해보면 십대도, 이십대도, 삼십대도 마냥 행복했던 적은 없었다. 그 시기마다 주어진 숙제를 풀어가며 치열하게 살았다. 마흔이라고 뭐가 다르겠는가. 오히려 애매한 문제 앞에서 발만 동동거리고 있다. 그런데도 희망은 놓고 싶지 않다. 지금부터라도 하늘도 쳐다보고, 뒤도 돌아보고, 마음도 다독이면 오십대에는 좀 더 나은 삶이 기다리고 있지 않을까. 이제는 앞만 보고 가는 것이 아니라 천천히 주변을 살펴볼 때이다.

애매한 나이 마흔을 지나고 있다. 마냥 힘들어하지도, 마냥 슬퍼하지도 않으면서 어깨 쭉 펴고 고개는 빳빳이 들고 당당하게.

어른이니깐 그렇지

늦은 퇴근길에 아내한테서 연락이 왔다. 음식물과 일반 쓰레기를 버려야 하는데 같이 가자고 했다. 웬일이냐 물었더니 내가 심심할 것 같아서라고 했다. 아내가 비위가 약하고 겁이 많아서 음식물 쓰레기 담당은 내가 해왔었다. 아무튼 같이 가준다니 기분이 좋았다. 서둘러 집으로 향했다.

문을 열고 들어서니 아들이 살갑게 다가와 안고 뽀뽀를 해준다. 평소엔 시크한 면도 많은데 이럴 땐 정말 다정하다. 헷갈리는 녀석이다. 딸은 나를 본체만체 시큰둥했다. 무슨 일이 있나? 아내가 "아빠 얼굴은 봐야지" 하는 한마디에 마지못해 흘끔 쳐다본다. 아, 만족스럽지 못해라. 딸의 무한 애정 표현에 목마른 나는 아쉬울 따름이다.

며칠간 버리지 못해 냄새 뿜뿜인 음식물 쓰레기를 꽁꽁 싸매서 아내와 길을 나섰다. 아내가 음식물 쓰레기통에 카드를 대자 투입구 문이 열리면서 거대한 바퀴벌레가 튀어나왔다. "악!" 소리가 나며 아내가 사라졌다. 아내가 세상에서 가장 무서워하는 것이 바로 바퀴벌레다. 나는 냉큼 잡아 도로통으로 집어넣었다. 카드를 한 번 더 대야 문이 닫히는데 난감했다. 주변을 두리번거리다 주차된 차 뒤에서 꼬리를 발견했다. 아내에게 카드를 받아 간신히 투입구 문을 닫았다. 나는 농담으로 "다시는 같이 안 오겠네" 했더니 진심 가득한 눈빛으로 고개를 끄덕였다. 괜히 말했다. 그냥 들어가기 아쉬워 크게 아파트 한 바퀴를 돌고 집으로 들어갔다.

씻고 나오니 딸은 이미 자러 들어갔다. 방에 가보니 귀엽게 누워 있었다. 옆에 살짝 누웠더니 애정 보따리를 슬슬 풀기 시작했다. 뽀뽀는 기본이고 꼭 안고 볼도 비벼주는 3종 애정 세트를 주었다. 피로가 눈 녹듯 사라졌다. 딸의 댄스 대결 제안에 신나게 몸도 흔들었다. 우린 둘만 통하는 감성 코드가 있다. 잠시 쉬려고 누웠다. 그리곤 딸에게 물었다.

"딸, 왜 이리 살기 힘든 거지?"

딸은 주저 없이 답을 던졌다. "어른이니깐 그렇지."

명쾌하다. 세상의 진리를 깨달았다. 그래, 나는 어른이니깐 삶이 힘든 것이다. 딸에게 깨달음 얻고 잠자리로 향했다.

이불에 누워 천장을 쳐다보며 생각했다.
'나는 여태 그걸 왜 몰랐을까.'

훅하고 바람이 불어온다

살면서 무뎌진다는 말이 싫다.

알만큼 알 나이 되었잖아. 결혼도 했고, 직장도 다닐 만큼 다녔고, 더구나 나이도 마흔 중반이야. 이쯤 되면 대충 어떻게 살아가는지 뻔하지.

영혼은 신발장에 잠시 모셔두고 회사에서 시키는 온갖 일은 다 하며 승진만을 꿈꾼다. 남들 다하는 재테크를 쫓아가다 가랑이가 찢어지고, 통장에 점만 찍고 사라진 월급에 푸념을 늘어놓는다. 아이들은 점차 품에서 떠난다. 주말에 외출이라도 같이할라치면 "다녀오세요"란 말이 폐부를 찌른다. 그나마 아내가 의리로 살아주는 것이 감사할 따름이다. 그저 그렇고 그런 날의 연속이다. 아이 참, 재미없네.

남들에게 말하지 않은 비밀이 있다. 책을 읽다 감정이 이입되면 나도 모르게 그 세계 속으로 홀딱 빠진다. 로맨스, 스릴러, 판타지… 장르 불문이다. 그중에서도 슬픈 사랑 이야기에는 슬쩍 남자 주인공 옷을 입고 눈물, 콧물을 쏙 뺀다. 주책바가지다. 음악에도 얼마나 민감한지, 멜론 정액권을 끊어 놓고 틈만 나면 귀에 이어폰을 꽂는다. 점잖은 노래를 들을 나이가 되었음에도 이십대가 들음직한 말랑 뽀송뽀송한 곡도 서슴지 않는다. 그러다 마음에 드는 음악이라도 만나면 기분도 덩달아 춤을 춘다. 무한 반복은 필수다.

계절은 날씨가 바뀌는 것일 뿐인데 봄은 냄새로 느끼고, 여름은 뜨거워진 심장으로, 가을은 센티한 '갬성'이 돋아나고, 겨울은 벌거숭이 나뭇가지에 이입된다. 떠나는 계절을 그냥 보내지 못한다. 쭈글한 중년 아재 모습을 탑재하곤 소년의 마음으로 앓이를 한다. 누구에게 들킬까 봐 글에만 조그맣게 끄적인다. 마흔 넘게 반복된 일인데, 매 순간 느끼는 감정이 오색빛깔이다.

주말만 목 빼고 기다린다. 집에 오면 바로 페르소나를 홀딱 벗고, 실배로 갈아입는다. '실배 것'으로 명명된 네모난 상자 속 노트북을 꺼낸다. 뭐가 그리 좋은지 입은 헤벌리고 조그만 자판을 두드린다. 최근 들어 급격히 노안이 찾아와 잘 보이지도 않으면서 돋움체 10포인트를 고수한다. 이건 마지막 남은 자존심이다. 누가 보면 대단한 글이라도 쓰는 듯 보이지만 실상은 구질구질한 일상 이야기이다. 아무렴 어떠냐. 어느 때보다 행복한걸. 글을 마치고 발행 버튼을 누르면 세상 짜릿하다. 어릴 적 빨간 양말 속 산타 할아버지 선물을 발견했을 때만큼의 흥분이라면 과장이 심하려나. 주말 저녁이 다가오면 학교 가기 싫은 아이 같은 슬픈 표정으로 실배를 옷장 속에 넣는다. 상상만으로도 웃픈걸.

분명 무언가 잘못된 거야. 나란 존재를 만들 때 '철'이란 중요 요소가 빠진 것이 분명해. 그러지 않고서야 이런 철딱서니일 리가 없잖아. 어디 따져볼 데도 없고…. 그런데 말이야, 이런 내가 썩 나쁘지만은 않은걸. 세상이 중요하다고 말하는 것에는 살짝 비켜나 있지만, 세상이 보지 못한 어두운 구석 속 조그만 불씨를 열심히 피우잖아.

얼마 전에 길을 걷다 흐릿한 봄 내음이 코를 스쳤다. 봄이 찾아오려나 보다. 기대할 일이 없음에도 가슴이 몹시 방망이질 쳤다. 봄은 봄 자체만으로 다니까. 훅하고 바람이 불어온다. 그 존재조차 가늠할 수 없는 무언가에.

이런 떨림이 나는 참 좋다.

오십이 된 나에게 쓰는 편지

똑똑. 거기는 어떤가요. 불쑥 연락드린 것이 실례인 줄 알지만, 궁금한 건 갈수록 참지 못하는 걸 보니 딱 제 아버지네요. 사실, 오늘도 별로인 하루였어요. 종일 일에 시달리다가 정신을 차려보니 퇴근 시간이 다 되었네요. 오늘따라 지하철에 사람은 어찌나 많던지요. 발 디딜 틈도 없는 좁은 공간 속에서 열심히 글도 보고 댓글도 달았네요.

아, '월간 이슬아' 한여름호도 보았어요. 의사이자 작가인 남궁인씨와 편지를 주고받았는데 어찌나 재밌던지요. 이 사람들은 어디서 어떻게 살았길래 이런 찰진 글을 쓰는지 몹시 샘이 났습니다. 사실 저는 좀 재미없는 삶을 살고 있거든요. 쓰고 싶은 것은 살짝 유머도 있고 재미 뿜뿜인 글인데, 나오는 것은 하나같이 신세 한탄뿐이네요. 그렇다고 거짓부렁 유쾌 상쾌 글을 쓸 순 없는 노릇이잖아요.

얼마 전에 만난 목사님이신 장모님은 저에게 이런 말씀을 하셨어요. 저에게 닥친 시련은 다 주님의 뜻이 있는 거라고. 무슨 거창한 뜻이 있기에 이런 생고생을 시키나 묻고 싶었지만, 그냥 입안에만 머물렀네요. 뭐, 거기에서 어떤 말을 한들 소용 있겠습니까. 한편으로는 맞는 것 같기도 해요. 또 아나요? 시간이 많이 흐른 뒤, 덕 볼 날이 올지 모르잖아요.

아차, 또 제 이야기만 늘어놓네요. 갈수록 느는 것은 한숨과 말뿐이에요. 단도직입적으로 물어볼게요. 지금 좀 살만한가요? 내 예상이 맞는다면, 지금쯤 어디 한적한 지방으로 발령받아 띵까띵까 할 것 같은데. 슬슬 대충 일하다가 땡 치면 퇴근해서 무언가를 할 것이 분명해요. 기어코 독서모임을 찾아낼 테죠. 가만있지 못하는 것은 지금이나 그때나 비슷하겠죠. 사람 성품이 뭐 어디 가나요.

그때가 되면 뻔뻔해져서 사람들에게 친한 척하며 먼저 말 걸고 그럴지도 모르죠. 나이 들어 그런 뻔뻔함이라도 없으면 섭섭하잖아요. 집이라고 하기도 뭐한 비좁은 관사에 와서 대충 씻고 옷도 어디다 벗어놓고 책상에 앉아 글을 끄적대며 실실 웃고 있겠죠. 어쩌면 책장에는 쓴다고 똥줄 탄 당신 책이 몇 권 놓여 있을지도 모를 일이죠. 유치하게 보면서 흐뭇

해하는 것은 아니겠죠. 이제 좀 진중하니 중년의 품격을 보여주었으면 좋겠네요.

사실 좀 궁금한 것이 있어요. 코로나로 인해 여름 내내 땀을 삐질 흘리며 마스크를 쓰고 다녔거든요. 이제 좀 잠잠해졌을까요. 하루아침에 변한 세상을 받아들이기 너무 힘드네요. 그나마 가끔 친구들을 만나 소주 한잔하는 것이 낙인데, 이제는 그마저도 어려운 세상이 왔어요. 얼마 전 친구와 통화하다가 우리가 올해 한 번도 만나지 못한 사실을 알고 깜짝 놀랐어요. 이러다 내년이 되어도 만나지 못하면 어쩌나 싶어요. 마스크라도 안 쓴 사진을 보여준다면 좋아서 팔짝 뛸 텐데. 뭐, 보여달라고 조를 수도 없는 노릇이네요. 그냥 저 혼자라도 괜찮아졌을 거야 하며 거짓 안심이라도 해보렵니다. 아니면 또 어쩔 수 없죠. 아이들이 어떨지는 물어보지 않을래요. 지금부터 미리 안다면 재미없을 것 같네요. 눈이라도 찡긋한다면 긍정의 의미로 받아들이겠습니다.

이제 마무리해야겠네요. 최근에 일을 하나 벌였는데, 세상에 제 이야기를 내보려고요. 주말이면 책상에 앉아 끙끙거리며 한줄 한줄 써내려가고 있답니다. 그 순간이 참 맛깔나요. 조만간 좋은 소식을 전할 수 있길 바랍니다.

언젠간 만날 날이 오겠지요. 그때까지 열심히 살아갈 테니 그곳에서도 잘 지내시길 바라요.